W0336774

Daronne

Santé, bien-être, vie quotidienne, cuisine, parentalité, psychologie, développement personnel, nature, loisirs et plus encore...

**Suivez-nous sur Instagram :**
**@albinmichel_et_moi**

Tous droits réservés.
© Éditions Albin Michel, 2023.

Emy Letertre

# Daronne

## La grossesse dure un an

Albin Michel

# Sommaire

*Pour mon fils*

Nous sommes le 2 juillet 2021, il est 5 h 21 du matin et j'ai envie de pisser, c'est mon occupation principale depuis quelques jours, c'est un peu épuisant. Surtout que je ne vais pas mentir, je suis pas vraiment une nana du matin, même pas du tout.

Ça m'a toujours angoissée le matin, la sonnerie du réveil me colle une boule au ventre ; je pense que ça me rappelle l'époque où j'étais hôtesse d'accueil, et que je détestais ce métier. D'ailleurs, je crois que c'est aussi pour ça que j'ai une phobie de l'escarpin (que j'essaie de soigner parce que, franchement, c'est super beau des escarpins).

Bref, ma vessie va exploser, sauf qu'aujourd'hui, je peux pas me lever sans faire de bruit, aller me soulager et me reglisser dans le lit. Non. Aujourd'hui, il y a une promesse à tenir. Je dois réveiller Dao, mon mec, parce qu'on a fait un pacte : faire le test de grossesse ensemble. On a même entrelacé nos petits doigts pour sceller l'accord.

Je réveille l'ours, qui dort aussi profondément qu'un mec qui s'est collé une cuite la veille, alors qu'il ne boit pratiquement jamais. Il a un œil ouvert, un œil fermé, il essaie d'articuler mais c'est un peu compliqué. Même si c'est dur, il se lève. Il se lève toujours, Dao. Même si ça le saoule, il ne le dit jamais, et là je sais qu'il est partagé. Il a très envie que ce soit positif, mais il a peur que ce soit négatif. Il n'a pas peur pour lui, il a peur pour moi, peur que ça me fasse de la peine. Alors je prends le test, je m'enferme, je fais pipi, je remets le bouchon, je le rejoins à la table du salon et on lance le chrono. Deux minutes qui changeront peut-être le reste de notre vie.

# 1. Comment on en est arrivés là ?

**Retour en 2020. Tu sais, l'année de la fin du monde. L'année qu'on a tous envie d'oublier, enfin tous, sauf moi.**

Je viens de finir de tourner un de mes films pour YouTube, je suis explosée. Ces tournages sont épuisants mais à chaque fois un vrai bonheur. En général, le lendemain, je dors toute la journée, mais pas cette fois : j'ai rendez-vous au restaurant Bel Ami, près de Pigalle, pour tourner dans une série de deux gars, Odah et Dako. On ne s'est jamais rencontrés, mais c'est la deuxième fois qu'ils m'invitent pour participer à une de leurs créations. On s'était loupés la première fois, mais cette fois c'est la bonne.

J'arrive un peu en Y puisque j'ai dormi quatre heures. Je ne suis pas au courant de grand-chose concernant cette série, je sais juste que c'est un format court diffusé sur Canal + et que je joue un rencard. Pour tout vous dire, à ce stade je ne sais même pas qui est Odah ni qui est Dako.

Je passe au maquillage, toute l'équipe est sympa. Une fois prête, on me prévient qu'il y a un peu de retard et qu'en attendant, je peux m'installer et boire un verre dans le restaurant. Parfait ! Je croise enfin un des deux spécimens du binôme. Il se présente : « Dako ». AH ! Je joue le rencard avec le deuxième, j'aurai l'air moins con si je dois prononcer son prénom.

Tandis que je patiente sagement sur mon siège en remplissant mon autorisation de droit à l'image, je lève la tête, un type s'approche : c'est Odah (de son vrai prénom Dao). Merde, il est vraiment pas mal, lui... Oh là là, c'est gênant, j'ai le cœur qui s'emballe, qu'est-ce qui t'arrive, Emy ? Calme-toi, s'il te plaît.

Il arrive et s'assoit face à moi, tout sourire. Ses yeux ne me lâchent pas et je comprends très vite que lui aussi est un peu perturbé, et ça c'est plutôt cool... Enfin non, pas cool du tout après réflexion, parce qu'à cette époque, on est tous les deux engagés dans des relations. On n'en parle pas évidemment, on ne se dit rien, il y a juste ce truc non-verbal qui se passe mais qu'on doit complètement s'interdire.

On tourne la scène, tout se passe très bien, on rigole. « Coupez ! » Sans m'éterniser, je décide de filer, je dis au revoir rapidement, je disparais dans le taxi, et je fais tout pour oublier cette journée, et ce mec.

C'est ce que j'ai fait durant un mois. Entre-temps, je me suis séparée de la personne avec qui j'étais. Les relations à distance, c'est très (trop) compliqué pour moi. Je suis confinée, célibataire, et bizarrement je me sens hyper bien pendant cette pandémie. Je mène ma vie tranquille, je bosse à mon rythme, je fais même du sport (si si, je te jure). Bref, tout va bien.

Puis un soir, tout bascule. Je regarde mes messages privés, et là, il apparaît. Il a fait le premier pas, et de façon drôle en plus. À partir de ce moment, on a vécu notre relation comme sur une autoroute : ça va à toute vitesse, parfois ça fait peur, parfois il y a des bouchons, mais ça roule.

Il est arrivé chez moi le 5 mai 2020, et n'est jamais reparti. On a vécu ensemble dès le premier mois. Parfois on ne se pose pas de questions, on sent que c'est pas la peine. Bon, je vous rassure, on n'est pas parfaits, loin de là, on est même très, très imparfaits. On a mis beaucoup de temps à s'ajuster, on s'est hurlé dessus, on s'est dit des choses excessivement méchantes, on s'est fait du mal, mais impossible de ne pas être ensemble. Parce que c'est lui et c'est tout. Malgré toutes les difficultés, les disputes et les maladresses, on s'aime plus chaque jour.

Les ajustements, ça peut prendre du temps mais ça vaut le coup, surtout quand on sait que c'est la bonne personne.

On a tout vécu rapidement, mais parfois c'est ton instinct qui décide à ta place. Depuis qu'il est là, je laisse mon intuition prendre toutes les décisions. Enfin toutes, sauf une : une décision qui va tout changer.

Tournage de *Sudéris II*, l'un de mes plus gros projets de l'année. J'ai invité mon chéri à jouer dedans. Puis sur le tournage, comme ça, au détour d'une discussion, je me plains de ma contraception, des effets secondaires, de ma fatigue, de mes changements d'humeur, de ma libido qui fait des montagnes russes. Pendant qu'on discute, mon cher et tendre me regarde et, très calmement, me dit : « Tu pourrais arrêter la pilule. » Je reste un peu sous le choc et je lui demande de répéter. Il répète. J'avais donc bien entendu.

Je m'y attendais pas du tout, mais à l'image de notre relation, tout sonne comme une évidence. Et le mois de février 2021 sonne l'arrêt de ma pilule. *Bye bye* Leeloo, bonjour chez toi.

De manière très sereine, je commence à vivre cette nouvelle vie sans contrôle d'hormones. Tu sais, j'ai toujours eu confiance en la vie, même dans les moments les plus sombres. Mais je t'avoue qu'avant de tomber enceinte, je pensais que j'allais traverser des océans de galères. Il faut dire qu'il y a quelques années, suite à des petits soucis de santé, le médecin qui me suivait à l'époque m'avait expliqué que j'aurais sûrement beaucoup de mal à tomber enceinte, et que ce serait même peut-être impossible. Alors arrêter la pilule, c'était finalement pas si flippant : j'avais peu d'espoir de devenir maman un jour, et puis au départ j'en avais pas vraiment envie non plus de toute façon, mais on y reviendra plus tard.

Un mois sans pilule, j'y pense pas trop, deux mois sans pilule, je commence à me dire que ça pourrait être sympa d'avoir un bébé, trois mois sans pilule… Là, je passe de l'autre côté.

Le cap des trois mois est un moment clef pour moi. Même si j'avais peu d'espoir, une petite voix dans ma tête espérait secrètement avoir un habitant dans le bidon. Je ne t'apprends rien, il y a ce que l'on dit, ce que l'on pense, et souvent les deux n'ont pas grand-chose en commun.

À ce moment-là, j'ai quatre jours de retard et les seins qui me torturent. Dans ma tête germe cette fameuse idée : et si j'étais enceinte ?

« Même si j'avais peu d'espoir, une petite voix dans ma tête espérait secrètement avoir un habitant dans le bidon. »

Je vais acheter un test discrètement, je m'enferme dans les toilettes, je fais pipi en essayant de pas m'en foutre partout, et franchement c'est pas simple. J'attends par terre dans mes chiottes, le chrono allumé. Deux minutes... Négatif. Et là, les larmes montent. Je suis déçue, triste, je pensais que j'étais enceinte. Je ne dis rien à personne et je continue ma vie. Quelques jours plus tard, je décide quand même de partager l'info avec mon mec et je me mets à pleurer. Il me prend dans ses bras et me dit que ça arrivera bientôt, que je ne dois pas m'inquiéter.

C'est fou de se mettre dans cet état alors qu'à la base, non seulement je pensais que je n'arriverais pas à tomber enceinte, mais en plus j'étais pas vraiment chaude, et j'imaginais que ça me freinerait dans ma carrière. Mais dès que j'ai rencontré *THE guy*, tout a changé en moi : j'ai eu envie de créer un humain, un humain fabriqué entièrement d'amour. Très vite, je me suis surprise à l'imaginer, et même à aimer l'image de lui que je m'étais fabriquée. Et en un an, l'idée a fait son chemin. Je suis passée de « non » à « peut-être », puis à des larmes de déception devant un résultat négatif.

Il y a beaucoup de choses à prendre en compte avant de sauter le pas : pouvoir l'assumer financièrement et qu'il ne manque jamais de rien, être assez mature pour devenir maman et surtout : trouver la bonne personne. Et me voici dans les bras de mon mec, en train de chialer, et pour couronner le tout, quelques heures plus tard débarquent mes règles. *THE* RÈGLES. Oh putain, que j'ai souffert ce mois-ci. L'une des pires menstruations de ma *life* entière, j'ai cru que j'allais crever. Je ne savais pas encore que c'était leurs adieux avant un moment, et qu'elles voulaient que je ne les oublie jamais, les vilaines.

# 2. C'est un + sur le bâton, là ?!

**Le test négatif du mois dernier m'a complètement transformée.** Désormais, je n'ai qu'un seul but : tomber enceinte. Et rapidement, ça devient une obsession. C'est fou, la force des déclics. Le quatrième mois, on est là, avec mon mec, un test à la main, à attendre de savoir si notre vie va changer ou non.

C'est long, deux minutes, quand ta vie peut basculer. Je suis traversée par un million d'émotions. La principale : la peur que ce soit négatif. Quelques jours avant et pour la première fois, je me suis autorisée à faire un PowerPoint sur la déco de la chambre du bébé. « On ne sait jamais. » J'aime bien anticiper les choses, mais à ce stade, on est d'accord, ce n'est plus de l'anticipation, mais de la voyance. C'est un peu traître.

Quand tu te projettes, la peur d'être déçue est encore plus grande.

Pendant ces deux minutes, je commence à me dire que le test sera négatif. J'ai les mêmes symptômes que le mois dernier (retard, douleurs mammaires, insomnies...) mais ça peut très bien être mon syndrome prémenstruel (SPM pour les intimes). Et puis la veille, j'ai eu des douleurs horribles dans le bas du ventre, des douleurs de règles qui s'apprêtent à débarquer.

BIP BIP BIP. Les deux minutes sont écoulées. J'ose pas regarder, c'est Dao qui le fait. Son visage change... C'est pas possible. Il me fait forcément une blague. Je saisis le test et c'est un +. J'arrive pas à y croire, je suis sous le choc. Je ne sais pas quoi dire, pas quoi faire, d'ailleurs je ne sais même pas si je respire. J'ai l'impression de tomber dans le vide. Je suis de nature angoissée, et surtout je suis de ces personnes qui ont besoin de confirmation pour s'accorder le droit de réaliser.

Je fais un deuxième test de grossesse (enfin j'essaie parce que j'ai la vessie vide, moi) : positif aussi. C'est quoi les probabilités que deux tests se trompent ? Très faibles, je pense.

Je regarde Dao, il est dans le même état que moi. On parle très peu, on se prend dans les bras. Il est 5 h 32 et notre vie vient de changer.

**Les conseils pour le test de grossesse pour les nazes comme nous :**

- Les tests sont fiables à 99 %, ce qui est vraiment pas mal, on leur offre ce 1 % tout rikiki.
- Ne pas le faire trop tôt sinon ton test pourrait ne pas détecter ta grossesse, même si c'est très tentant de le faire

dès le lendemain matin de ta super partie de jambe en l'air de la veille.

- Le meilleur moment de la journée : tes premières urines du matin.
- Achètes-en deux : si tu as un positif, fais-en un deuxième, c'est ultra rassurant.
- Le faire avec mon mec, ça a été la meilleure façon de lui annoncer **pour moi**. On l'a fait à deux, on vit le résultat à deux. Mais ça, c'est comme chacun veut.
- Tu n'es pas obligée de pisser dans un gobelet, par contre sois sûre de bien viser avec le jet.
- Secoue pas le test, ça sert à rien.

# 3.
# Je suis enceinte

**Comment on se rendort après une info comme celle-là ?** Comment on fait pour ne pas appeler sa meilleure amie ? Et pour réaliser ce qui nous arrive ?

La vérité, c'est que je suis un peu déçue de ma propre réaction. Je pensais que je sauterais de joie, mais pas du tout. Je suis terrorisée. Je n'ai pas peur d'avoir un bébé, j'ai peur de le perdre. Et aussi que les tests se trompent. Pour m'apaiser (enfin essayer) et confirmer ou pas les tests, on part pour le laboratoire d'analyses. J'ai pas d'ordonnance mais je m'en fous, ça marche quand même.

Je ne sais pas pourquoi, mais je ressens une certaine fierté à me pointer à l'accueil en disant : « Bonjour, je viens faire la prise de sang pour confirmer ma grossesse. »

Je patiente avec mon mec dans la salle d'attente, et la peur gagne du terrain. J'imagine que les tests sont de faux positifs, que j'ai cru que j'étais enceinte et qu'en fait non. J'essaie de me contrôler mais j'y arrive pas, et quand c'est mon tour pour la prise de sang, je ne respire pratiquement plus.

Le mec me pique et le sang gicle. Euh... Il vient de me péter une veine, là ? Il s'excuse en me disant que ça peut arriver parfois (vraiment?), enfin bref, rien ne va. Je sors du labo, et je sais que les prochaines heures vont être longues avant d'avoir mon résultat.

Il est 7 h 30 et on se retrouve comme deux cons dans la rue sans savoir quoi faire de nous. On se promène et on finit par entrer dans un magasin vers 9 h, et on se dirige vers le rayon bébé. J'ai pas envie de faire ça et en même temps j'en crève d'envie. C'est ici qu'on achète le premier ensemble pour le bébé.

On déambule dans le centre commercial, puis on se décide à rentrer. Dans la voiture, je consulte mes mails. PUTAIN, MES RÉSULTATS D'ANALYSES VIENNENT D'ARRIVER. Et là, c'est le vide. Je ne comprends rien, et je ne sais pas si je dois sourire ou pleurer. Les résultats indiquent un taux à 47 UI/l, mais je ne sais absolument pas à quoi correspond ce chiffre. Je regarde sur Google, j'obtiens une réponse : en gros, c'est pas très haut. Comme un tout début de grossesse.

En rentrant, je suis en panique. Et si je m'étais emballée pour rien ? C'est fou, cette journée d'angoisse que je passe. Dao décide de contacter une sage-femme par visio pour me rassurer. Elle décroche, elle doit se demander qui est cette pauvre fille dans un état pitoyable qui n'arrive pas à aligner deux mots. J'arrive quand même à articuler que je souhaiterais, à partir du taux, qu'elle me dise si je suis enceinte ou pas. Un « oui » sort de sa bouche. Elle me rassure, me félicite et raccroche.

Je regarde Dao, et dans ses yeux je vois qu'il prend conscience de la situation. L'émotion le submerge, il se rend compte qu'il va être papa, il se met à pleurer. Il est très heureux. Et moi... Rien. Je ne comprends pas. Pourquoi je pleure pas ?

**Les infos importantes de ce chapitre :**

- Tu peux aller faire une prise de sang pour confirmer ta grossesse sans ordonnance dans n'importe quel labo sans avoir besoin d'être à jeun.
- Tu n'arriveras pas à dormir ni à t'empêcher d'y penser en attendant la confirmation du labo donc cesse de te dire à haute voix « Arrête d'y penser, arrête d'y penser... »
- L'analyse sanguine s'appelle la béta-HCG.

# 4. Pourquoi j'ai peur tout le temps ?

**Depuis la confirmation de la grossesse, je sais plus trop où j'en suis.** Je veux cet enfant, je suis heureuse, mais aussi perdue et effrayée. Dao est très positif, à l'écoute, mais pour moi, c'est les montagnes russes. Les fameuses hormones j'imagine, mais il y a autre chose : je ne réalise pas que je suis enceinte.

Il y a une énorme différence entre savoir et réaliser. Je sais que je suis enceinte, mais je ne réalise pas que je suis enceinte. Oui, c'est subtil.

Il faut dire qu'on découvre ma grossesse en juillet, quelques jours seulement avant de partir pour Tahiti. On sera avec quatre amis, dont un couple de parents. La règle sacrée du secret pendant trois mois ne doit pas être enfreinte, et moi ça me stresse. Et puis au mois d'août, on part deux semaines avec mes meilleurs amis, Jade, Jordan, Erwan et Charlène, qui me connaissent par cœur. Comment je vais faire pour qu'ils ne le découvrent pas ?

En prévision du départ, on organise un rendez-vous avec une gynéco en urgence pour faire tous les examens nécessaires et vérifier que tout va bien. Évidemment, je peux pas m'empêcher de lire tous les articles qu'il ne faut pas lire, et le résultat, forcément, c'est que j'ai peur de faire une fausse couche.

Tu te souviens, la veille du test, j'avais mal en bas du ventre, comme des douleurs de règles, alors je pensais qu'il serait négatif. La douleur a continué, donc j'étais sûre qu'il y avait un problème.

On arrive chez la gynécologue, elle est douce, gentille, parfaite. Elle nous demande pourquoi on est là, je lui dis que je suis enceinte, elle m'explique calmement tout ce qu'il va se passer.

Elle doit avoir l'habitude de gérer des angoissées comme moi. Je suis sincère, je lui explique que j'ai des douleurs, que j'ai peur, elle m'écoute sans une once d'inquiétude, et ça me rassure à fond.

Puis elle me dit cette phrase. Cette toute petite phrase. « Allez-y, pleurez, lâchez. »

Et là je pleure pour la première fois depuis ces quatre jours. Je ne réalise toujours pas vraiment, mais à côté de ce médecin, ça devient déjà un peu plus concret pour moi.

On passe aux examens.

Je reparle au médecin de mes douleurs, elle me demande : « Vous saviez que les douleurs de début de grossesse peuvent être dans le bas-ventre, et très proches des douleurs de règles ? » Bah non, je savais pas, et si j'avais su, j'aurais été vachement plus détendue.

Elle me propose de faire une première échographie avant les trois mois pour que je sois rassurée. Évidemment, j'accepte. Rendez-vous le 30 juillet. Petit à petit, je commence à me détendre (enfin un tout petit peu).

En rentrant, on se dispute dans la voiture avec Dao, pour je ne sais plus quel sujet. Et d'un coup, je me mets à parler du bébé de manière très concrète. J'ai toujours détesté les conflits, mais avec un bébé, même encore dans le ventre, ça devient encore plus problématique. Il est hors de question pour moi que mon bébé entende ses parents se disputer. Je ne veux pas qu'il souffre de quoi que ce soit, je ne veux pas qu'il soit malheureux. Au cours de cette discussion, je crois que je deviens peu à peu une maman.

Pendant cette dispute ridicule qui se termine vite comme à chaque fois, je réalise que ma colère est irrationnelle. D'ailleurs ce n'est pas de la colère, mais de la peur. J'ai juste super peur.

Voici la plus grande vérité de l'humanité : quand il y a un trop-plein d'émotions, on ne gère absolument plus rien. Émotionnellement, à cette période, c'est vraiment compliqué pour moi. Je m'attendais à être perturbée hormonalement, mais pas à ce point-là. Je suis un moment hyper malheureuse, et celui d'après super apaisée. C'est épuisant de ne même pas savoir ce qu'on ressent.

# 5.
# Ne pas le dire, ne pas le dire, ne pas le dire

**Forcément, ce genre de nouvelle, ça remue.** On a envie d'appeler sa meilleure amie, sa famille, mais non. On ne dit rien. Et ça, c'est le plus dur pour moi. D'autant plus que mes hormones font « Space Mountain », et que je passe du rire aux larmes, de la colère au calme, et enfin à la sérénité totale.

Tu demandes tout et finalement tu veux rien, tu veux de l'affection et juste après tu veux même pas qu'on te touche. Même moi, j'arrive pas à me suivre. Alors forcément, mon mec, qui essaie de faire au mieux pour moi, n'est pas parfait non plus. Ça fait des étincelles, et parfois je me sens seule. En général, quand tu t'embrouilles avec ton mec, t'aimes parler à tes potes. Seulement là, tu ne peux pas.

Et puis il y a un stress à ajouter à tout ça (oui oui, encore un). Tu dois aussi changer tes habitudes, et les gens qui te connaissent bien te posent d'un coup plein de questions. « Bah tu prends pas l'apéro ? », « Pourquoi tu veux pas de sashimi ? T'adores ça d'habitude. » Tu commences à t'empêtrer dans tes mensonges. Tu commences à être victime des blagues habituelles quand tu refuses la coupe de champagne : « T'es enceinte ou quoi ? Hahahahaha » Haha... HA. Résultat : t'as envie de pleurer. Dans les faits c'est pas si grave, mais sur le moment c'est une montagne.

Heureusement, j'ai pu en parler à une personne : Chloé, ma manageuse. J'étais même obligée, vu tous les projets professionnels qui allaient devoir être « légèrement » adaptés. C'est peut-être con mais j'étais contente de pouvoir en parler à une femme, et d'en profiter pour communiquer mes craintes, mes joies aussi. Elle a eu la réaction la plus mignonne du monde. Putain, qu'est-ce que ça m'a fait du bien, de le dire à quelqu'un.

Quoi qu'il arrive, je n'ai qu'une seule hâte : passer cette échographie du 30 juillet. Je pense, parce que je me connais, que c'est véritablement à ce moment-là que je vais prendre conscience de la situation. J'ai besoin de le voir, j'ai besoin qu'un médecin me le montre à l'image et me dise que tout va bien, que je peux enfin respirer, que ma grossesse va bien se passer.

# 6. Le voyage à Tahiti

**Le voyage à Tahiti est particulièrement inquiétant pour moi.** Je flippe de tout choc possible pour le corps, alors vingt heures de vol et douze heures de décalage horaire… Comment dire ?

Et si je fais une fausse couche dans l'avion ? Et si j'ai un problème alors que je suis à l'autre bout du monde ? C'est la panique.

Je pensais pas que ce serait si dur, la vie en communauté dans le secret. Je me sens un peu seule : tout le monde fête les vacances et commande des cocktails super stylés à table, moi je suis à l'eau et ça fait rire tout le monde.

Être plusieurs dans la même maison, c'est pas facile, surtout quand tout le monde fixe tes moindres faits et gestes en espérant que tu te crames sur ta grossesse. Les gens sont toujours persuadés d'être discrets mais c'est tout l'inverse, et ça me met mal à l'aise de voir toutes les messes basses et les regards insistants.

Sur place, on visite plusieurs lieux, tous plus beaux les uns que les autres, et je change d'humeur comme de paysage. Comme je ne suis pas immunisée contre la toxoplasmose, je dois faire attention à tout, y compris aux fruits et légumes, et évidemment je ne peux rien manger de cru. Tu savais que la spécialité, à Tahiti, c'est le poisson cru ? Je fais croire que je n'aime pas et les remarques s'enchaînent : « Mais essaie ! Tu peux pas dire que t'aimes pas tant que t'as pas goûté. »

Ça, c'est un truc que j'ai jamais compris : quand tu dis non, on aime te faire chier jusqu'à ce que tu dises oui. C'est comme un défi pour les gens. Mais comme pour tout, les amis, un « non » c'est un « non », faut arrêter de forcer, merci d'avance.

Avec mes hormones en apnée, je suis pas dans mon assiette et je me sens seule. Comme je me sens seule, je m'isole, et comme je m'isole, je veux qu'on s'occupe de moi, et quand mon mec s'occupe de moi, je suis agressive, et comme je suis agressive, il en a plein le cul. Vraiment sympas, ces vacances.

Je remets tout en question et je me demande si, chez les autres futurs parents, ça se passe de manière idéale. Moi, je passe mon temps à lire des articles qui parlent de problèmes prénataux, d'œufs clairs, de trisomie 21. Puis d'un coup, tout s'éclaire : je comprends la raison pour laquelle je ne réalise pas que je suis enceinte. Le jour où j'aurai vraiment intégré cette idée, ce bébé existera réellement, et si je le perds, je ne m'en remettrai jamais. Je réalise soudain que j'aime déjà cet enfant plus que ma propre vie, et que s'il lui arrive quelque chose, je mourrai avec lui.

La veille, une éclaircie dans ma vie : on part en excursion, et je plonge au milieu des raies, des requins et des tortues de mer du Pacifique. J'ai toujours adoré l'eau. D'un coup, je suis heureuse, je me sens bien. Quel énorme kiff de ressentir pendant un court instant une sérénité totale.

Je profite d'un moment où je suis seule dans la maison louée pour le séjour. C'est la finale de l'Euro, les gars sont allés la voir dans un bar, les filles sont parties faire une balade. Je m'étais promis de pas trop bosser pendant ce séjour, mais le besoin de coucher sur papier mon ressenti me semblait primordial aujourd'hui.

Je me sens loin des autres, loin du monde. Je suis deux dans mon corps, et pourtant aujourd'hui j'ai l'impression d'être seule. Tout ce qui me polluait déjà la vie avant ma grossesse (bienvenue dans ma vie d'hypersensible) est multiplié par mille. Je me dois de commencer un chemin initiatique. Pendant que mon enfant se construit, je dois déconstruire ce qui m'a fait souffrir toute ma vie.

Lui et moi, tous les deux, on va apprendre à vivre. Il va apprendre à venir au monde, et moi je vais naître avec lui. Avant lui, je n'étais responsable que de moi, bientôt ce ne sera plus le cas.

Ce voyage m'a permis de constater plusieurs choses :

1. Cacher une grossesse quand tu vis en communauté, entre tout ce que tu ne peux pas faire, les autres qui se posent des questions et les coups de fatigue, c'est pratiquement impossible.

2. Où que tu sois, tes hormones dirigent tout, et même dans un bungalow sur pilotis au bout du monde, tu peux être surexcitée de bonheur et au bout du rouleau quelques secondes après.

3. J'ai besoin de mes proches et je ne veux plus cacher ce secret.

Quand Dao a commencé à voir ma solitude, il a tout donné. Défi : faire rigoler Bibi ! (Moi, donc.) Et Dao, il est fort pour faire rigoler les gens. Quelle fierté de venir avec mon bidon le voir jouer à Tahiti. Je me sens comme la reine mère. Mon mec est sur scène, tout le monde se lève, applaudit, et moi je suis sa copine. Je suis celle qui porte son bébé, je me sens privilégiée. J'ai tellement hâte d'avoir mini-nous sur les genoux, et qu'on regarde ensemble son père jouer son spectacle. Comme on sera fiers de lui. Hein bébé ? (Tu voulais lire un vrai journal de grossesse avec des émotions qui n'ont aucun lien entre elles, aucune stabilité d'humeur et du changement d'avis en veux-tu en voilà, tu es servi·e.)

Les derniers jours de vacances, on part à Bora-Bora (ouais je sais, ça fout les boules rien que de le lire). Eh bah désolée d'enfoncer le clou, mais c'est comme tu l'as toujours imaginé : paysages sublimes, plages paradisiaques, pilotis et colliers de fleurs.

Chaque couple dans son bungalow, chacun chez soi, trois jours à profiter de ma moitié : c'est le paradis et l'occasion parfaite pour nous de profiter enfin de ma grossesse sans avoir à se cacher.

Je te l'ai dit, j'adore l'eau, nager et les fonds marins, alors dans cet hôtel paradisiaque sur pilotis avec sol vitré au-dessus de l'eau pour observer les poissons, je suis aux anges. Mais je peux pas m'empêcher d'avoir un pincement au cœur. Le secret me pèse trop.

Pourquoi je ne peux pas dire à mon père que je suis enceinte et que j'ai besoin de son soutien ? Et pourquoi je peux pas dire à ma meilleure amie que j'ai peur dès que j'ai une douleur dans le bidon ? Les proches, c'est fait pour soutenir, non ? Si quelque chose se passe mal avec la grossesse, je ne serai pas la seule affectée… Le futur papa sera malheureux lui aussi, pourquoi devrait-il être seul à porter ma peine et la sienne ? Alors, pendant une scène pas loin du ridicule, assise avec mon masque et mon tuba les pieds dans le vide, en train de chialer pour faire monter les eaux du Pacifique, je craque : « Je VEUX qu'on le dise à nos familles. »

La négo n'a pas été très longue. En rentrant, on doit passer l'écho de datation (qui correspondra à mes sept semaines d'aménorrhée). Si le cœur bat et que tout va bien, on l'annonce à mes beaux-parents, ma meilleure amie, mon beau-frère et mon père.

Finalement, la fin du voyage se passe plutôt bien, sauf le retour de Bora-Bora avec l'apparition de nausées. Va savoir pourquoi… J'en avais jamais eu jusqu'ici, et d'un coup j'ai le cœur au bord des lèvres. Je passe la soirée avec des douleurs de la mort qui tue en bas du dos, et une envie de vomir comme après deux jours de Solidays.

Le lendemain, direction l'aéroport : je me retrouve confrontée au monde pour la première fois depuis longtemps et ça ne loupe pas : crise d'angoisse en plein aéroport. Ça passe, je m'installe dans l'avion, à la fois heureuse de ce voyage magnifique et soulagée de rentrer à la maison pour retrouver les chiens, passer mon échographie et voir mes proches.

**Bilan :**

- Le début de grossesse, c'est le bordel, et si en plus tu pars en vacances avec plein de gens et que tu dois le cacher, ça se transforme vite en cauchemar.
- Les clichés sur les hormones qui font les montagnes, c'est pas une légende.
- Les symptômes vont et viennent, et ce ne sont pas toujours les mêmes.
- Si tu as déjà du mal avec les foules, enceinte tu deviens clairement agoraphobe.
- J'écris ce livre enceinte, alors demain je ne serai peut-être plus d'accord avec ce que j'ai dit aujourd'hui. Mais l'important c'est l'instant, non ?

# 7. La première rencontre avec bébé

**Quand tu sais que dans quelques jours, tu as rendez-vous pour rencontrer ton bébé via un moniteur d'échographie, il n'y a plus grand-chose d'autre qui compte.** Tu te poses 1000000000 de questions. S'il y a bien une émotion constante pour moi depuis le début, c'est la peur. Elle peut se déclencher pour tout et n'importe quoi. La plus grande est plutôt classique : la peur de la fausse couche. Et elle peut tout envahir, surtout avec douze heures de *jet lag* dans la face en revenant de voyage.

Je ne dors pas. Mais quand je te dis que je ne dors pas, c'est pas une expression. Je ne dors PAS DU TOUT. Je suis épuisée et je tourne en rond toute la nuit. Dès que mon mec se réveille, il me découvre dans une activité différente : Emy regarde un film – dort – Emy lit un livre – dort – Emy mange un sandwich – dort – Emy fait une séance de méditation.

La plupart des femmes, en début de grossesse, ne font que dormir. Mais moi j'ai jamais rien fait comme tout le monde, et je me sens comme Edward Norton dans *Fight Club*.

Quelques jours passent, les insomnies restent mais ça progresse un peu : je dors par épisodes. Et là, apparition d'un nouveau symptôme de grossesse : les cauchemars. Mais quel bonheeeur ce truc ! Je me retrouve comme quand j'avais dix ans et que je rêvais d'un monstre sous mon lit. Des mauvais rêves de l'espace, mon pote : je me réveille en sueur après avoir échappé à Freddy Krueger dans un marécage de vase qui engloutit mes pieds. Je suis en panique totale, je me calme, je me rendors, et cette fois je suis dans un hôpital psychiatrique avec des zombies qui veulent me bouffer. Je me réveille et je me dis que finalement, à choisir, le mieux c'est de pas dormir du tout.

Les insomnies de notre retour m'ont clairement rendue zinzin à la fin. Évidemment, j'avais peur du rendez-vous médical pour l'écho de datation : est-ce qu'il va bien ? Est-ce qu'il s'est développé normalement ? Etc., etc. Mais j'avais aussi d'autres peurs : est-ce que mon mec va rester toute sa vie avec moi ? Est-ce que le lait que j'ai bu ce matin est bien pasteurisé ? Est-ce que je vais être une bonne maman ? Est-ce qu'on peut mourir du manque de sommeil ?

Le rendez-vous du 30 approche, ça sera avec une sage-femme dégotée sur Doctolib. Je fais l'erreur d'aller sur Google pour voir les avis : une cata. Eh merde. Plus le temps de changer, on verra bien sur place, mais une nouvelle peur s'ajoute à la liste : et si elle était vraiment nulle ?

« Pensée du jour :
pourquoi on appelle
les maux de grossesse
des “symptômes” ?
Une grossesse, c’est
pas une maladie, si ? »

Le 29 au soir, Odah joue sur scène à Belfort. Je vais dormir toute seule. Sans surprise, j'ai pas dormi de la nuit. Mais là, la beauté du moment, c'est ce que je réalise : j'aime trop mon mec et clairement sans lui j'y arriverai pas. Quand t'es en couple, t'es pris dans un quotidien qui devient vite une habitude. Et on oublie parfois l'importance de l'autre. Cette nuit-là, ça m'est apparu en pleine face. Dao, c'est l'homme de ma vie, il va être le père de mon enfant, et on va être une famille beaucoup trop cool. Enfin : de la positivité.

30 juillet, 13 h 30. C'est le grand jour, on a rendez-vous dans trente minutes et moi je ne respire plus. Un mélange d'excitation et de peur.

Pour que tu comprennes mieux, parce que je sens que tu commences à croire que je suis pleine de névroses (il se trouve que c'est vrai, mais j'ai mes raisons), j'ai pas eu beaucoup de chance dans ma vie, et ce qu'on m'a donné m'a souvent été repris. J'ai beaucoup pleuré en 30 ans de vie. Alors à ce moment, enceinte, amoureuse, avec le métier dont je rêve, ça paraît un peu trop beau : je ne peux pas m'empêcher de me dire qu'il va m'arriver une couille.

La sage-femme arrive et direct je la sens pas trop. Un peu sèche, un peu protocolaire, et surtout pas très empathique. J'ai plus l'impression de remplir un dossier HLM à la mairie que de parler de mon enfant. Après toutes les questions intimes, me voilà allongée sur la table d'échographie, la main de Dao dans la mienne, à la rencontre de notre petit bout. On est tellement excités et effrayés qu'on n'ose pas dire quoi que ce soit. Et là c'est la révélation : Google avait raison.

Sans prendre de pincettes, elle se met à penser à haute voix, passant de : « Ah mais attendez, y en a combien, là-dedans ? » à « Oh là, y a un truc bizarre, j'aime pas trop ce que je vois... Attendez, bougez pas... Ah bah nan, c'est rien ». Si vous cherchez à vivre un ascenseur émotionnel, je vous recommande chaudement cette sage-femme.

D'un coup, sans qu'elle nous prévienne, on entend un cœur. Et là je m'effondre. Son cœur bat, tu te rends compte ? SON CŒUR BAT. C'est magique. Et même si cette vieille peau nous gâche un peu le moment qu'on attendait depuis un mois, on fait vite abstraction d'elle pour se concentrer sur ce qu'on voit : notre bébé. Il fait 8 mm, je suis à sept semaines d'aménorrhée, il va bien. Tout va bien. Waouh. Je respire enfin, et tout devient concret.

Avant ça, c'est difficile de réaliser une grossesse. On te dit que tu portes un bébé mais t'as pas de ventre, tu ne l'as jamais vu, c'est comme être enceinte de rien. Mais au moment où mes yeux le voient, tout change. Mon bébé existe, il va bien, et rends-toi compte, son cœur bat.

On sort de la pièce avec un milliard d'émotions, on ne reprend pas de rendez-vous avec elle, et on se met à regarder bêtement les photos de l'échographie sur laquelle on ne comprend rien sauf une chose : la petite forme au milieu de la poche va changer nos vies. Et on va pouvoir le dire à nos proches !

# 8.
# L'annonce

**Comme convenu, maintenant qu'on a la confirmation que tout va bien, on s'apprête à dévoiler le secret à nos familles.**

C'est mon père qui passe en premier. On décide de lui faire croire qu'on a enregistré un morceau de musique à deux, et qu'on veut lui faire écouter. Deux minutes plus tard, écouteurs dans les oreilles, il entend les battements du cœur de son petit-fils ou de sa petite-fille. Après presque trois minutes, il comprend. Mais il est tellement surpris qu'il n'y croit pas. Il faut dire que non seulement, il y a dix ans, quand j'ai eu ma tumeur hormonale, les médecins n'étaient pas optimistes sur ma capacité à tomber enceinte, mais en plus mon père savait que je n'étais pas sûre de vouloir être maman. Alors forcément, voir sa fille enceinte, ça lui fait un choc. Je le connais, il est super heureux, mais il a peur pour moi et il a du mal à le cacher.

Vient le tour de ma meilleure amie, Jade. Je ne sais pas pourquoi je dis «meilleure amie», Jade, c'est ma sœur. J'ai l'habitude de dire que je ne me souviens pas de ma vie avant elle, et c'est vrai. On s'est rencontrées quand on avait deux ans et on ne s'est jamais quittées. Jade, c'est mon âme sœur, on est comme des jumelles depuis toujours et j'ai besoin qu'elle découvre qu'elle va être tata.

Ça fait un mois que je la fuis, elle me connaît par cœur, j'avais trop peur qu'elle devine. On lui offre une totote, et d'un coup elle comprend tout. Après avoir répété environ dix fois « vous êtes sérieux ? », elle s'effondre et me prend dans ses bras. C'est la réaction que j'attendais. Parfaite, comme toujours. Elle est tellement heureuse qu'elle pleure les vingt-quatre heures qui suivent. Profitant de sa présence, je décide de faire du tri dans mon armoire pour virer tous les jeans trop serrés à la taille ; j'ai déjà pris 4 kilos, et faire ça avec elle, ça m'aide à réaliser. Ce tri, c'est une étape importante : non seulement ça marque pour moi le moment où je me projette vraiment, et en plus je pourrai enfin arrêter d'avoir mal au ventre dès que je ferme une braguette. À moi les joggings et les jeans élastiques.

2 août : c'est l'anniversaire de mon beau-père. Direction la maison de mes beaux-parents, on leur offre aussi une totote. Ils comprennent tout de suite, sont hyper heureux et nous le montrent. Ma belle-mère me prend dans ses bras et pleure de joie. Quel bonheur de sentir autant d'amour, quel bonheur cette joie partagée. Je veux que ces moments durent pour toujours. On part fêter ça au resto.

Je me sens libre, aimée, et surtout enceinte. Comme si le fait d'avoir partagé notre heureux événement m'avait libérée d'un poids. C'est exactement ce dont j'avais besoin : que l'on soit entourés et soutenus. Que cet enfant soit déjà aimé, encouragé, qu'il se sente attendu par le monde entier.

# 9.
# Le début de la fin

**Depuis l'annonce de ma grossesse, je parle à mon ventre, je veux communiquer avec lui, faire connaissance.** J'ai l'air un peu zinzin mais je m'en fiche, j'ai besoin de me connecter à lui. Dao lui parle tous les soirs aussi.

Je suis à huit semaines, quand soudain, je me sens bizarre. Ma poitrine ne me fait plus mal et j'ai l'impression qu'elle a dégonflé. Mais bon, ça doit être normal, et je veux arrêter de m'inquiéter toutes les deux secondes. Je fais comme si je ne pensais pas au pire. Mais soudainement, je me sens encore plus proche de ce bébé que je porte. Je lui parle de plus en plus, j'ai tout le temps les mains sur mon ventre. Je me sens « deux » dans mon corps. Chaque jour qui passe et me rapproche des trois mois est une victoire.

On prépare la deuxième partie de nos vacances, avec nos meilleurs amis, dans le Sud. Les valises sont prêtes.

Mardi 3 août, il est 18 h 37 et je vais faire pipi. En m'essuyant, je découvre des pertes marron. Je n'ai encore jamais eu ça, et je me dis que c'est pas bon signe. Je préviens Dao, il rentre et on fonce aux urgences.

Sur place, je suis calme, je tente de contenir ma peur comme je peux. On nous prend en charge et on me fait passer une échographie. Je n'ose pas regarder le moniteur, j'ai trop peur de ce que je pourrais voir. Dao me regarde, ses yeux sont effrayés mais il trouve la force de me sourire. L'important pour lui, à ce moment-là, c'est de me rassurer. Puis son regard change : il sourit, il sourit vraiment, alors je tourne la tête et je découvre que bébé va bien. Je vois tout de suite son cœur qui bat et je relâche la pression. J'ai eu si peur pour lui. On me diagnostique un petit décollement et on me rassure : pas de panique, c'est courant.

Pas de recommandations particulières, on peut partir en vacances dans une semaine. Je décide quand même de lever le pied jusqu'au départ, et sans savoir pourquoi, je me sens triste.

C'est le jour du départ : on va faire la route de nuit, hors de question de se taper des bouchons. Comme d'habitude, on est beaucoup trop chargés. Les chiens aussi ont fait leurs valises, évidemment. Mon père est venu nous donner un coup de main pour charger la voiture, puisque Dao refuse que je porte quoi que ce soit.

Trente minutes avant le départ, j'ai des petites douleurs au ventre qui s'intensifient peu à peu, mais le médecin m'a prévenue que ça pouvait arriver alors je ne m'inquiète pas. C'est parti pour les vacances.

« Je me sens “deux”
dans mon corps.
Chaque jour qui passe
et me rapproche
des trois mois est
une victoire. »

Le trajet est long, et plus on roule, plus j'ai mal dans le ventre et le bas du dos. Je me dis juste que c'est lié à la voiture qui n'est pas ultraconfortable. On fait une halte à Aix-en-Provence pour annoncer la nouvelle à mon beau-frère et ma belle-sœur. La pause me fait du bien, et les voir aussi. On mange ensemble, on fête ce bébé à venir puis on reprend la route vers la location de vacances.

Le chemin est interminable et la douleur de plus en plus forte. Je ne me sens pas bien et je veux que ce trajet se termine… Vite.

On arrive vers 17 heures, la dame qui nous loue la maison nous accueille très gentiment, mais j'ai du mal à rester debout. Nos amis, Charlène et Nico, venus en train, arrivent. Je fais bonne figure puisque, évidemment, ils ne sont au courant de rien.

On profite de la piscine tous ensemble et je fais semblant que tout va bien. Mais au bout d'un moment, je sens quelque chose couler dans mon maillot de bain. Je me lève et me couvre d'une serviette pour aller aux toilettes, et face à cette vision, je commence à trembler : du sang. Du sang rouge, le sang que je ne voulais pas voir, celui dont on te parle toujours aux urgences : «Tant que le sang n'est pas rouge, tout va bien.»

J'essaie de rester calme et de contrôler mes tremblements pour ne pas alarmer nos amis, et je demande à Dao de me rejoindre dans la salle de bain. Je ferme la porte et je lui montre mon maillot de bain taché de sang rouge. Sans même y penser, sans contrôler quoi que ce soit, une phrase sort de ma bouche, comme une évidence : «Il est mort.» Je m'effondre en larmes, j'ai l'impression qu'on m'arrache le cœur.

Dao me relève, il refuse que je me laisse aller, il me dit que je dois être forte pour notre bébé, qu'il n'est pas mort, et que j'ai pas le droit d'abandonner. Mais je crois qu'au fond, une partie de moi savait. Je savais qu'il était déjà un souvenir.

Il part dans la chambre, revient avec un jogging, un vieux tee-shirt et des chaussettes. Il m'habille et me tient. À cet instant, dans ce triste moment, je découvre un nouveau Dao, que je ne connaissais pas. Je viens de rencontrer le papa de mon bébé. Le père de famille. J'ai toujours été la personne solide, la plus forte, celle qui ne tombe pas. Là, je suis démunie et c'est lui qui me porte, il prend le contrôle et je me sens protégée. Je sais qu'il gère.

Arrivée aux urgences. Le personnel, en sous-effectif face au Covid, semble à bout. Du coup, pour l'empathie, on repassera...

On m'appelle, Dao ne veut pas que j'y aille seule mais il n'a pas le droit de m'accompagner. Depuis le Covid, les accès sont devenus très limités. Je l'embrasse et je suis le docteur.

Je passe au milieu de tous les brancards, dans une ambiance de fin du monde. Les couloirs sont remplis de malades qu'on a disposés un peu comme on pouvait. Je me retrouve dans une salle d'auscultation. Un interne me pose des questions sur ma grossesse. Quand je lui explique qu'on m'a récemment diagnostiqué un petit décollement, je l'entends souffler : « Vous avez un décollement et vous faites treize heures de voiture ? » Il me regarde d'un air suffisant, comme si j'étais stupide.

La délicatesse incarnée.

Je lui explique que personne à la maternité ne m'a déconseillé de prendre la voiture. Sa réponse : tout le monde est censé le savoir... Ah bon ? Je suis pas médecin, moi, mon petit.

Je suis une maman en devenir qui souffre et qui s'inquiète. Je suis pas sûre que me prendre de haut et être antipathique soient la solution, mais bon je veux pas m'avancer, encore une fois je suis pas médecin...

Il appelle la gynécologue de garde, qui arrive avec un matériel d'échographie visiblement plus vieux que moi. L'interne et elle parlent de mon décollement comme si j'étais pas là, puis me refont la morale. Je me lève pour être auscultée, elle me dit que ce n'est pas la peine : vu le matériel qu'elle a, elle fera juste une échographie sur le ventre. Elle me précise que le super matos est à l'étage au-dessus, mais que celui-là fera l'affaire. AH.

Elle démarre la machine, je n'ose pas regarder, je voudrais que Dao soit là... L'image apparaît, elle se met à l'étudier et sans qu'elle parle, j'arrive à repérer ce qui ressemble à un battement de cœur : alors le mien recommence à battre. Elle m'explique que le bébé semble aller bien, qu'elle ne voit pas le décollement mais qu'il peut exister quand même. C'est aussi à ce moment qu'elle me dit cette phrase, sur laquelle je ne tilte pas sur le coup : « Vous n'êtes pas enceinte de 9 SA, par contre, vous êtes au moins à trois semaines de moins. » Mouais, son matos a pas l'air fiable de toute façon.

Pour couronner le tout, elle m'offre le clou du spectacle. Une phrase que je n'oublierai jamais : « Vous avez de la chance si la grossesse tient. Treize heures de voiture avec un décollement, ça aggrave le problème. » Voyant que je me décompose, elle tente (enfin) d'être un peu empathique. Elle me recommande de rester alitée et me rassure : le bébé va bien, ça devrait aller. J'entends ses mots sans savoir si je dois être soulagée ou dévastée. Je veux juste partir de cet endroit.

Je sors de l'hôpital pour retrouver Dao, qui fait les cent pas. Alors qu'il se dirige vers moi, je lui fais un signe de la tête pour le rassurer et lui dire que le bébé va bien. Il souffle, comme si je venais de lui enlever un sac à dos bien trop lourd.

Dans la voiture, je lui explique tout, et la culpabilité monte. Je suis en colère contre moi, contre Dao. Pourquoi on a fait de la voiture?! Je m'en fous des vacances, j'en veux pas, je veux juste mon bébé. Plus je parle, plus je sens que je perds le contrôle. Je me mets à taper sur le tableau de bord en hurlant. Je crie parce que je peux rien faire d'autre, je pleure parce que je peux rien faire d'autre, je tape parce que je peux rien faire d'autre. C'est ma faute si mon bébé va mal, c'est ma faute, juste pour des putains de vacances. Je veux revenir en arrière mais c'est impossible. Il faut rentrer à la location mais on a de la route, la culpabilité monte encore, le problème s'intensifie.

Je suis dans un trou et je n'ai rien pour m'accrocher.

# 10. La fin

**On arrive à la maison de location, et on prend la décision de parler de ma grossesse à tous nos amis.** Je ne sais pas combien de temps je vais rester alitée, alors autant dire la vérité. Tout le monde est heureux, sauf moi. Je ne sais plus si je dois me projeter ou pas. La douleur est toujours là, et elle est atroce.

Je suis couchée à 20 heures, comme l'a conseillé le médecin. Je sais que je vais peut-être passer des semaines, voire des mois comme ça, mais je m'en fous : tout ce qui compte, c'est que mon bébé survive. Je suis prête à tout. Moi qui avais peur de ne pas savoir être mère, de ne pas aimer mon enfant... Tout ça me semble déjà bien loin. Si je dois en chier pendant les sept prochains mois, pas de problème, si je dois ne plus rien faire pendant sept mois, pas de problème. Tout ce qui compte pour moi, c'est lui.

C'est ce jour-là que je comprends le mot « abnégation ».

Plus les heures passent et plus la douleur est intense. Pour être honnête, je ne me rappelle pas toute cette nuit, c'est Dao qui me l'a racontée. La douleur est si forte que je perds connaissance plusieurs fois, et quand je reviens à moi, c'est comme si je n'étais pas vraiment là.

Impossible d'oublier ces énormes tiraillements dans le bas de mon dos et de mon ventre, comme si on essayait de séparer mon corps en deux. Après quelques courtes phases de sommeil pour nous deux, le soleil entre dans la pièce. Je suis à bout de forces, mais la seule personne à qui je pense, c'est mon bébé.

Je me rappelle une accalmie, durant laquelle je pense que les contractions se sont arrêtées et que l'utérus s'est enfin calmé. Je crois que ma punition pour avoir pris la voiture est terminée, mais le cauchemar reprend. Je sens quelque chose de chaud entre mes jambes, et je me rends compte que je perds du sang. Beaucoup de sang.

En plein déni, je me dis que c'est l'hématome du décollement qui se résorbe enfin. Je me répète les mots de la gynéco des urgences : « Vous allez encore perdre du sang et avoir des contractions à cause de la voiture, mais son cœur bat. »

Pour me rassurer, on décide de voir un médecin en visio, qui m'explique que les stats sont fausses et qu'en vérité, 100 % des femmes font une fausse couche dans leur vie, la plupart n'étant pas au courant. Ainsi, si cela m'arrive, je ne dois pas m'en vouloir. Je ne suis pas rassurée, mais en quelques mots, il déconstruit toute la culpabilité que la gynéco de la veille m'avait mise dans la tête.

On étouffe dans cette chambre. Dao m'emmène dans le salon pour être avec les autres. Je me souviens de l'amitié, de la fraternité même. Tout le monde est autour de moi, en soutien, pour me chercher des serviettes hygiéniques, me mettre une bouillotte dans le dos, et même me donner à manger, tellement la douleur m'empêche de bouger et me vide de mes forces.

On ne nous prévient pas du choc physique que cela peut être. On ne nous parle pas de la douleur, physique et morale, d'une fausse couche. On ne nous donne pas le droit de souffrir, et surtout de le dire.

Dao est avec moi à chaque moment, ces moments si intimes, où toutes les barrières sont désormais brisées. Il m'aide à faire pipi, contrôle le sang que je perds dans les toilettes, me tient la main pendant les pics de douleur et me dit qu'il voudrait la prendre à ma place. Il supporte de moins en moins de me voir souffrir, mais moi je m'en fiche, je m'en fous de tout, ce que je veux c'est mon bébé. Et ça tourne à l'obsession : il DOIT vivre.

Pendant un trajet entre le salon et la chambre, la douleur devient tellement insupportable que je ne me souviens même plus comment j'y arrive. Je me rappelle que mes oreilles se mettent à siffler et que mes jambes sont en coton.

Je me retrouve dans un bain chaud pour calmer la guerre mondiale dans mon corps, et la douleur s'apaise enfin. J'en déduis que le bain m'a fait du bien. Ce n'est que plus tard que je comprendrai pourquoi je n'ai plus mal.

Je m'allonge dans mon lit, et tous nos amis viennent dans notre chambre pour jouer avec moi à des jeux de société, pour ne pas nous laisser seuls. À ce moment-là, je suis encore sûre que mon bébé va bien.

Cela fait au moins une heure que je n'ai plus de douleurs, je me sens beaucoup plus sereine. Avec Dao, on ne ressemble à rien. Je suis en culotte, avec une couche énorme qui dépasse et les cheveux gras à cause de la sueur qui a coulé toute la nuit. Mais tout le monde s'en fout. C'est quelque chose qui m'a marquée : les barrières qui se cassent la gueule. À quel point l'amour et l'amitié s'en foutent de l'apparence. C'est cliché mais c'est vrai. À cet instant, je n'ai plus de pudeur, tout ce qui compte pour moi, pour nous, c'est d'être entourés de nos proches, douleurs ou pas, sang ou pas, couche ou pas.

Pendant ce moment d'amitié, Dao prend une photo, comme un souvenir. Quelques minutes plus tard, il m'accompagne aux toilettes comme il le fait depuis vingt-quatre heures. Je m'assois et je sens quelque chose de gros sortir de moi. Je me relève d'un bond en criant, je regarde dans la cuvette et je vois ce qui ressemble à de la chair. Je n'oublierai jamais la main de Dao qui plonge dans les toilettes pour récupérer ce que je viens de perdre.

La suite est sans espoir malheureusement, et je pense à ce moment qu'il n'y a rien de pire au monde que perdre son enfant dans les toilettes.

Étrangement, pendant que Dao m'aide à enfiler un jogging et des chaussettes, je ne ressens plus rien. Je ne saurais pas vraiment te dire si, à ce moment, je crois que j'ai perdu mon bébé ou un bout de moi, mais finalement c'est la même chose. Je suis calme, silencieuse, comme si mon corps le savait avant moi.

En arrivant à l'hôpital, j'ai l'impression d'être spectatrice de tout ce qu'il se passe. Prise de tension, température, je me laisse faire comme une marionnette à qui on dévisse les membres un à un.

C'est au moment de l'échographie que tout change. Je passe de maman à plus rien du tout. Je me rappelle du visage du médecin qui cherche en vain une poche dans mon utérus, un embryon, un cœur qui bat, mais rien. Rien, mais il cherche encore, et j'ai envie de hurler que c'est inutile puisque mon

« Pourquoi on appelle ça une “fausse couche” ? C’est quoi une “vraie couche” ? Je n’ai pas eu de fausse couche, ma couche a existé et elle a dit la vérité, tout le long. »

bébé est dans les égouts, dans l'eau des chiottes, au milieu des déchets, et d'un coup j'ai envie de vomir.

La douleur est trop forte. Pas dans les reins ni dans le ventre, mais dans la poitrine. Dans ce cœur arraché qui est désormais hors de ma poitrine, dans les égouts, avec lui.

Dao insiste auprès du médecin pour qu'il continue à chercher. Il garde encore espoir, mais je vois qu'il est sur le point de craquer. Alors je décide de mettre fin à ce moment interminable et demande qu'on arrête l'examen.

Je suis là, à moitié nue, les jambes écartées, avec un bout de plastique dans le vagin et plus rien ne m'appartient. Je veux qu'on me laisse tranquille. Je sens la colère monter. Je ne sais pas pourquoi je ne ressens pas de tristesse sur le moment; seulement de la colère. Une colère immense, de celles qui pourraient causer un tremblement de terre si elles n'étaient pas en moi.

Dao pose des questions au médecin : il demande si j'ai besoin d'un traitement, si je risque quoi que ce soit, si mon corps va bien. Il est plus inquiet pour moi que moi-même.

On quitte cette salle et on prend l'ascenseur pour sortir, sans un mot. C'est fou, quand on y pense : quand on a appris que j'étais enceinte, on n'a pas prononcé un mot tellement l'émotion était forte, et maintenant que tout est fini, pas un mot non plus, mais cette fois c'est la douleur.

Jordan et Charlène nous ont accompagnés à l'hôpital et nous attendent dehors. En sortant, je les vois s'approcher, mais c'est trop compliqué pour moi. Si je leur dis que j'ai perdu le bébé, si je prononce ces mots, alors ce sera réel. Je ne veux pas que ce soit réel, je veux garder mon bébé avec moi encore un peu.

Alors en les voyant, je fais demi-tour et je pars dans la rue. Sans portable, sans sac, sans rien, je veux juste quitter l'hôpital et marcher. Il faut que je marche.

J'ai dû marcher quelques centaines de mètres avant que mes jambes ne lâchent, d'émotion et de fatigue. Je suis par terre et j'ai envie d'exploser, alors je crie. Je crie de toutes mes tripes. Dao est debout contre moi, un lampadaire au-dessus de la tête lui donne l'allure d'un ange. Mon ange gardien.

La crise passe, et c'est quand j'arrive à me relever que Dao s'autorise à craquer. Je n'aurais jamais imaginé ça, mais il s'effondre. Je refuse de lui retirer son droit de souffrir, alors je fais ce que je peux pour le porter à mon tour.

Le reste de cette soirée n'est que larmes, peine, et le début d'un nouveau « nous ».

# 11.
# Le deuil

**Comment faire le deuil de quelqu'un qu'on n'a jamais rencontré?** Quand je suis rentrée dans cet hôpital, j'allais être maman, et quand j'en suis sortie, je ne l'étais plus.

Je ne sais pas quel visage il aurait eu, quelle aurait été la couleur de ses yeux. Est-ce qu'il aurait eu les cheveux de Dao ou ses mains? Est-ce qu'il aurait eu mes yeux ou la forme de mon nez? Est-ce que c'était un garçon ou une fille?

Quand on fait une fausse couche, on est dans un entre-deux et on nous interdit tout statut. Mon enfant n'est pas né, je ne suis donc pas maman. Mais si je ne suis pas maman, pourquoi je pleure autant ce bébé?

On ne m'autorise pas à pleurer cette partie de moi que j'ai perdue à tout jamais. On m'explique que ce n'était qu'un embryon. Que j'en aurai sûrement un autre, alors il ne faut pas que je m'en fasse...

Comment ne pas se sentir seuls, abandonnés, sans aucune prise en charge, quand personne ne parle de deuil? C'est injuste de devoir justifier sa peine.

On décide de rester dans le Sud, dans cette bulle avec nos amis, pour essayer de se remettre de cette épreuve. Les premiers jours, je ne fais que pleurer. Je pleure tellement que je n'arrive même plus à produire de larmes. Les rares moments où je m'autorise à rire avec les autres, je vais ensuite me cacher dans la chambre pour m'effondrer de culpabilité.

J'ai pas le droit de rire, je viens de faire une fausse couche.

# 12. C'est grave si je souris parfois ?

**Grâce à nos amis, on fait parfois l'effort de quitter la chambre pour manger, nager, sortir (un peu).** Tout de suite, Dao me parle de recommencer. C'est ce que je veux aussi, mais je culpabilise. Comme si un nouveau bébé allait remplacer l'ancien. Sans savoir pourquoi, j'ai une sensation de trahison. Mais le sentiment de vide à l'intérieur de mon corps est plus fort encore. Alors mes doutes s'envolent très vite. Petit à petit, je commence à envisager de réessayer, à me projeter, à me dire que repartir dans un projet de bébé, c'est aussi montrer que nous ne renonçons pas et que nous sommes forts ensemble.

Je me souviens de Dao submergé par l'émotion. Je l'emmène prendre un bain avec moi, je le couche contre moi pour le tenir et le soulager. Je lui caresse les cheveux et sans réfléchir, je me mets à lui raconter une histoire : la nôtre, celle qui va nous arriver. Je lui raconte que nous allons nous remettre de cette épreuve et que très vite, je vais retomber enceinte. Que dès octobre, nous serons à nouveau deux et demi, et que la grossesse va super bien se passer. Que le bébé sera une fille et qu'elle sera super mignonne. Puis je continue à imaginer nos vies futures à voix haute jusqu'à ce qu'il s'apaise.

Je te raconte ce joli moment mais tout n'a pas été simple. Les premières semaines, je passe de crises de larmes tellement intenses que je ne peux plus marcher à des sourires en parlant de ma possible future grossesse.

J'ai peur de tomber dans l'obsession des applications sur mes dates d'ovulation et tout le reste. Lors de ma première grossesse, j'ai découvert toute une communauté de femmes dont l'inquiétude principale était de tomber enceinte. J'avais vachement de peine pour elles. C'est un monde dont j'ignorais l'existence avant d'avoir ce projet, et comme j'avais fait partie des chanceuses pour qui c'était allé vite, j'avais même du mal à les comprendre. En quelques mois, j'ai changé de combat…

Je fais toujours tout à l'envers : je suis passée d'un combat pour que ma grossesse tienne à un combat pour tomber enceinte.

# 13. Le corps après une fausse couche

**Revenons un petit peu en arrière...** Quand on vit une fausse couche, on pense à la peine que l'on ressent, mais qu'en est-il du corps ? De sa reconstruction ? Dans mon malheur, j'ai eu la « chance » de ne pas avoir besoin d'un curetage.

Un curetage, quésaco ? C'est une intervention chirurgicale dans le but de « nettoyer » l'utérus de la grossesse non viable pour redémarrer à zéro.

Dans mon cas, et c'est peut-être ce qui explique les violentes douleurs que j'ai subies, j'ai fait une fausse couche spontanée naturelle. Autrement dit : j'ai tout évacué par moi-même. L'avantage, c'est qu'on peut recommencer les essais rapidement, et que le cycle redémarre tout seul comme un grand.

Quelques jours après cette épreuve, je suis allée chez une sage-femme pour vérifier l'état de mon utérus. J'ouvre une parenthèse pour cette femme qui, grâce à sa douceur, son empathie et son écoute, m'a clairement réconciliée avec le personnel médical. Merci à elle. Elle nous a rassurés, nous a assuré que mon corps allait très bien et que nous pouvions recommencer dès que nous serions prêts. Et pour la première fois depuis le triste jour, un sentiment que j'avais oublié est revenu : l'espoir.

Par contre, une fausse couche, c'est un peu comme un gros *reset*. Tu ne sais pas où tu en es dans ton cycle, tu ne sais pas quand tes règles vont arriver ni la date de ton ovulation. Et là, c'est le début du bordel dans ta tête.

Mes règles mettent six semaines à revenir. Pendant cette période, je fais deux tests de grossesse, ils se révèlent négatifs, et ça me ruine le moral. Ces six semaines, c'est le moment de mon revirement complet. J'entre dans ce monde où tu notes dans une application chaque fois que t'as un rapport. À quelle heure ? C'était comment ? Tes pertes ont quelle apparence ? Comme du blanc d'œuf ? Collantes ? Transparentes ?

Je vrille. J'ai tellement honte d'être passée de l'autre côté de la barrière que je n'en parle à personne. Je fais semblant d'être détendue sur le sujet. « Ça viendra quand ça viendra, je suis pas inquiète. » MDR. Bien sûr que je suis inquiète, je pense même qu'à ça, j'ai peur de ne jamais retomber enceinte, de ne pas voir mon ventre s'arrondir et de jamais rencontrer ce bout de nous.

Rendez-moi mon bébé...

Au bout d'un moment, ne voyant toujours pas mes règles arriver, je décide de prendre rendez-vous chez un gynéco. Celui-ci m'indique que je suis en pleine ovulation : si ça marche cette fois, c'est super, sinon ça viendra très vite. Il me conseille d'attendre dix jours avant de faire un test de grossesse. Je croise les doigts.

Mais pas longtemps... Trois jours après ce rendez-vous, mes règles reviennent. Six semaines interminables et enfin, mon retour de couche. Dans un premier temps je suis effondrée, parce que ça veut dire que je ne suis pas enceinte... Je me sens nulle. Puis je me rappelle ce que le gynéco m'a dit : après le prochain cycle, vous saurez mieux où vous en êtes.

Alors je décide de voir le positif et j'accueille mes règles telle la Coupe du monde, trop fière d'elles. J'ai jamais été aussi heureuse de les voir. Je passe du rire aux larmes, bref ça va toujours pas mieux niveau stabilité des émotions...

# 14. On repart comme en 40

**Armée de mon espoir, je décide que ce cycle est un renouveau.** Ça y est, mon corps recommence à zéro, je fais la paix avec lui pour qu'on bosse ensemble et qu'on aille dans la bonne direction !

Je sens comme une sorte de lâcher-prise, c'est très étrange. J'ai toujours une envie très, très (très) forte de tomber enceinte, mais petit à petit, je vais moins sur les forums, je lis moins d'articles, et je consulte de moins en moins mon calendrier d'ovulation.

C'est comme si le fait d'avoir mes règles m'avait soulagée, et avait balayé mes inquiétudes. Je suis plus détendue, parler de ma fausse couche est moins problématique aussi. Je ne pleure pratiquement plus. Je ne dis pas que je suis passée à autre chose, ce serait mentir, mais disons que je survole mon calendrier plus sereinement. Je me sens bien, et ça fait du bien.

Je passe ce deuxième mois post-fausse couche beaucoup plus apaisée. Je prends des décisions aussi. Beaucoup de choses vont changer, ce qui est négatif dans ma vie doit bouger. Je décide de faire table rase du passé, de modifier ce qui ne me convient pas et d'avancer. J'ai envie de changement, de renouveau, que ce soit dans mon style vestimentaire, ma façon de travailler, la déco du salon. Bref, je me sens nouvelle.

Je comprends que je suis marquée par cette grossesse, qui m'a fait évoluer à vitesse grand V, et m'a profondément guérie et changée.

Tout en continuant mon chemin initiatique, je me dirige doucement vers le moment où mes règles doivent arriver pour la seconde fois depuis la fausse couche. Évidemment, même si je suis plus détendue, j'ai repéré mon ovulation (pas folle la guêpe), et on s'est offert une super partie de jambes en l'air en bonne et due forme. Alors peut-être bien que ça sera ce mois-ci ? Qui sait ?

Malheureusement, j'ai du mal à y croire. J'ai pas de douleurs aux seins, pas de maux de ventre… En gros, je n'ai aucun des signes qui seraient pour moi « rassurants » et me diraient : « T'es peut-être enceinte, ma petite ! »

Jour J, pas de règles. Taux d'espoir : 27 %.

Jour 2, pas de règles. Taux d'espoir : 120 % (oui, ça monte hyper vite).

Là, t'es confrontée à deux sentiments hyper contradictoires :

1. J'ai trop envie de faire un test et que ce soit un + et que ça soit TROP GÉNIAL parce que JE SUIS ENCEINTE, et que cette fois c'est la bonne.

2. J'ai pas du tout envie de faire un test parce que si je ne suis pas enceinte, je n'ai pas envie de le savoir…

Bref, je flippe et on décide, comme à notre habitude, de faire le test ensemble avec Dao. Le même rituel qu'avant.

J'ai toujours pas appris à faire pipi le matin à des heures normales donc rebelote, à 5 heures du mat', je le réveille, je prends mon bâtonnet, direction les toilettes…

J'ai une impression de déjà-vu. Comme à chaque fois, j'ai trop peur de regarder alors je pose le bâton devant Dao et je le laisse vérifier le résultat. Je ne sais pas trop si je dois y croire ou pas, je ne sais pas si notre deuxième chance est pour tout de suite, mais si c'est le cas, je me promets de faire la paix avec moi-même et de croire que tout ira bien.

# 15. OH PUTAIN

**Le «+». LE VRAI «+». Je suis tellement émue que j'arrive même pas à pleurer.** Je nous sens quand même un peu sur la réserve. Est-ce qu'on est en train de rêver ? Est-ce qu'on peut y croire ? Est-ce qu'on peut vraiment se l'autoriser ?

Comme je te l'ai dit, il y a un air de déjà-vu. Alors sans surprise, je renoue avec mon vieux réflexe : confirmer avec deux ou trois autres tests. On ne sait jamais...

Comme la première fois, j'ai complètement vidé ma vessie, je force comme je peux pour sortir deux pauvres gouttes sur le bâtonnet qui doit m'indiquer un nombre de semaines de grossesse approximatif...

J'attends... C'est fou comme le stress peut être palpable, dans le corps. C'est une boule qui prend forme dans ton ventre et te crée une vraie douleur. Et le paradoxe, c'est que ça se loge exactement au même endroit que la chose qui me procure le plus de bonheur, mon petit embryon.

Mais à ce moment-là, j'ai pas le même recul qu'au moment où j'écris ces lignes. Il faut dire que je suis actuellement à 12 SA (rappelle-toi ce truc auquel on comprend jamais rien, SA c'est pour «semaines d'aménorrhée», et ce n'est pas la même chose que les semaines de grossesse). J'ai mis trois mois à écrire ces lignes, trois mois à accepter, mais chaque chose en son temps, revenons pour l'instant à ce dimanche 24 octobre.

Mes deux pauvres gouttes n'ont pas suffi, impossible de lire le résultat du test. Panique : comment on va faire ? Dix minutes plus tard, on est dans la voiture, à la recherche d'une pharmacie de garde. On en trouve une à Montreuil, où on commence à faire la queue derrière de charmants messieurs qui parlent très fort et semblent très, très loin de notre système solaire. Je ne sais pas si c'est la rue ou les deux messieurs qui sentent l'alcool, mais je me sens bizarre de venir chercher un test de grossesse à 6 h du mat' un dimanche, entre deux clients venus chercher des substituts.

On récupère notre paquet. On a joué la sécurité en prenant deux tests : un qui indique « négatif » ou « positif », et l'autre qui date la grossesse.

Nous voilà arrivés à la maison, après avoir fait l'expédition du siècle et bu un litre d'eau dans la caisse, dans l'espoir de faire pipi directement en rentrant. Je fonce aux toilettes et cette fois, on ne m'y reprendra pas : je fais pipi sur les deux bâtons en même temps. Héhé, c'est qui la championne ?

Je m'assois par terre dans les toilettes, mon flash de téléphone braqué sur les deux tests (pourquoi j'allume pas la lumière ? Aucune idée). Voyant que je mets du temps à sortir, Dao vient me chercher sur le trône. Il ouvre la porte et me trouve par terre en train d'examiner les tests. Il voit mon regard affolé. Le test de datation indique une grossesse de 2-3 semaines tandis que l'autre test semble négatif. En effet, aucun « + » n'est apparu…

Panique totale.

Pourquoi est-ce qu'il y a deux tests positifs et un négatif? Ça veut dire qu'il y a un problème? Que je vais refaire une fausse couche? J'oublie toutes mes résolutions et le chemin parcouru jusqu'à maintenant, la panique s'empare de moi et je n'arrive plus à gérer. Dao parvient à me calmer et me dit qu'on ira faire une prise de sang le lendemain à la première heure. Sauf que demain, c'est dans vingt-quatre heures, et c'est beaucoup, beaucoup trop long…

# 16. Et la championne du jour est...

**Je saisis mes trois tests dans les mains, ils ne me quittent plus, et je décide de prendre le taureau par les cornes.** « Bébé, je vais prévenir Lise, je dois communiquer avec quelqu'un qui a un utérus ! »

J'appelle ma copine et je lui explique le premier test positif; évidemment, elle saute de joie. Puis je lui parle des deux autres tests, de mon inquiétude, et elle arrive à me rassurer. On parle, on parle, et je finis par me calmer.

Après une heure de conversation, je raccroche. Je suis plus sereine, mais je ne lâche pas l'affaire : c'est quoi ce test négatif alors que les autres sont positifs ?

Pour trouver des réponses, direction une application que j'utilisais beaucoup lors de ma première grossesse, avec un forum de mamans qui discutent et se posent des questions entre elles.

Je rédige un post pour leur décrire la situation et essayer de comprendre comment c'est possible. Tout de suite, j'ai des réponses, et tout le monde y va de son commentaire : «Les faux négatifs, ça arrive souvent, t'inquiète pas», «Félicitations», «Fais une prise de sang demain pour confirmer!»... Et au milieu de ces réponses, une attire mon attention plus que les autres : «T'as une photo de ton test négatif par hasard?»

Elle est bizarre celle-là, à me demander une photo de mon test... En même temps, j'ai rien à perdre, alors je prends mon bâton en photo et je poste. Cinq minutes après, une notification : «Bah... Il est positif ce test, regarde, il y a deux traits. Sur ces tests, c'est pas un «+» ou un «-» qui apparaît, mais un ou deux traits...»

Non mais ça va, je suis pas si con, je sais lire quand même, j'aurais pas fait cette erreur... Dans le doute, je vais quand même mettre la tête dans la poubelle pour récupérer la boîte et la notice.

Oh putain. Quelle conne. Je me suis plantée. Il est positif aussi.

Je retourne voir Dao dans le salon, la tête baissée. On se marre pendant cinq minutes de ma connerie puis, soulagé, il me prend dans ses bras.

On est donc à trois tests positifs, les gars, cette fois je crois qu'on est bons : je suis de nouveau enceinte!!! Je rappelle Lise pour la prévenir, et je me pose pour la première fois de la journée. Demain j'irai faire la prise de sang pour confirmer et dater la grossesse. On n'a plus qu'à croiser les doigts pour que cette fois-ci, ce soit la bonne.

Note pour les championnes : tous les tests de grossesse n'indiquent pas le résultat de la même façon, n'hésitez pas à lire la notice attentivement!

# 17. Elle démarre mieux cette grossesse-là, nan ?

**Lundi 25 octobre : en avant pour la prise de sang!** En chemin, on discute avec Dao. Je ne veux pas faire les mêmes erreurs que pour ma première grossesse, je ne veux pas m'imposer les mêmes angoisses, je veux être plus sereine, et par-dessus tout, je veux qu'on soit entourés. Autrement dit : je n'attendrai pas les trois mois pour annoncer à nos proches qu'on est enceinte, je veux le soutien de mon père, de mes meilleurs amis, de ma belle-famille, de Chloé. Je veux un clan autour de moi pour nous aider à être sereins et nous entourer d'amour. Cette fois, on leur dira simplement, ça ne fait pas si longtemps qu'on a fait une fausse couche, et surtout le traumatisme nous a rendus méfiants... Et si cette grossesse ne tenait pas ?

Alors *ciao* Versailles et place à la simplicité, la bienveillance et l'amour : on leur annoncera, ils nous prendront dans leurs bras, on sera dans une bulle d'amour avec le bébé, et c'est tout ce dont on a besoin.

Retour au labo avec la nana de l'accueil aimable comme une porte de prison, on sort et il faut maintenant attendre les résultats... Comme pour la première fois, ça va être long, mais bizarrement je nous trouve plus sereins, comme si cette fois, on savait...

On reçoit le résultat dans la journée. Il n'a rien à voir avec la première fois : mon taux est à 531 UI/l, soit dix fois plus élevé. Cette fois ça ira, je le sens...

Après un rendez-vous classique chez le médecin pour l'ordonnance de tous les tests à effectuer, on prend rendez-vous pour une écho de contrôle dans trois semaines, soit à 6-7 semaines d'aménorrhée.

Ce que j'ai oublié de te dire, c'est que cette bonne nouvelle est tombée en même temps qu'une mauvaise.

Retour deux semaines en arrière. Sortie de mon livre de contes, avec une énorme soirée de lancement au musée Grévin.

Ce projet dont je suis hyper fière, c'est un peu mon bébé aussi. Mais le bémol, c'est que l'après-midi même, Dao a emmené notre chien Gohan chez le véto, pour une boule bizarre sur le côté du corps. Après l'auscultation, on nous annonce un risque de tumeur. C'est la douche froide. Nos chiens, c'est nos enfants, je sens le sol qui se dérobe sous mes pieds, mais je tiens bon. On a rendez-vous une semaine plus tard à l'école vétérinaire de Maisons-Alfort pour un deuxième avis. Mon pauvre Gogo...

Après ce nouveau rendez-vous, la nouvelle tombe : c'est bien une tumeur. Je suis effondrée. C'est quelques jours après que je découvre que je suis enceinte. Tout ça, ça fait beaucoup d'infos. J'ai besoin d'annoncer ma grossesse à mon père parce que mon père, bah, c'est mon père. Ça me rassure quand il est là, je me dis qu'il ne peut rien m'arriver. On lui annonce, et aussi simplement que tendrement, il nous prend dans ses bras et nous félicite. Le dire à mon père, ça rend aussi ma grossesse plus concrète. Me voilà un peu reboostée pour affronter la maladie de Gogo.

Le vendredi qui suit, on dépose Gogo à la clinique et on tourne en rond jusqu'à ce qu'on nous le rende. Pendant cette attente, j'ai mal au cœur, mais je mets ça sur le compte du stress. Je suis loin de me douter que cette grossesse va être bien différente de la première.

Dans l'après-midi, on récupère notre bébé à la clinique : il est sonné mais ça va. Maintenant, on doit attendre deux semaines avant le rendez-vous post-opératoire, on saura alors si la tumeur est bénigne ou maligne, et s'il aura besoin de chimio. On croise les doigts, de nouveau.

# 18. J'emmerde les 3 mois

**La semaine suivante, on décide d'annoncer la grossesse à nos parents et à nos meilleurs amis : les larmes coulent, tout le monde est heureux pour nous.** VRAIMENT heureux pour nous. Ils ont partagé notre peine, alors c'est une bonne nouvelle pour tout le monde. Qu'est-ce que ça fait du bien, de se sentir entourés. Pourquoi on attend trois mois alors qu'on peut le dire tout de suite et être soutenus dès le début ?

C'était important pour moi d'aborder ce sujet. Cacher ma première grossesse a été un enfer, un stress quotidien et un énorme sentiment de solitude… Il était donc hors de question qu'on s'impose ça encore une fois et qu'on s'oblige à mentir, dissimuler…

Je ne critique pas les personnes qui décident d'attendre l'échographie du premier trimestre, je dis juste que moi, ça ne me convient pas, et que je n'ai pas besoin d'entendre des phrases nazes du style : « Ah ouais tu l'annonces maintenant ? », « T'es sûre ? »…

Qu'on soit clairs : j'ai envie qu'on arrête de faire chier le monde, ça c'est une première chose.

Mon souhait le plus cher, c'est que chacun soit en phase avec ses décisions, et que tous les autres s'occupent de leur cul.

Je prends la décision de partager la nouvelle aussitôt parce que je souhaite être soutenue et entourée, je souhaite que cette période existe au-delà de la peur d'une potentielle fausse couche, je souhaite laisser l'opportunité à mes proches d'être là pour nous, et surtout je ne souhaite pas m'infliger de souffrance supplémentaire.

Les «trois mois dont on ne doit pas prononcer le nom» font partie pour moi des tabous autour de la grossesse, qui poussent beaucoup de femmes à garder le silence, y compris si elles perdent le bébé. On se tait au cas où on le perd, on se tait au cas où il y a un problème, on se tait pour protéger les autres et ne pas leur donner de faux espoirs...

Je comprends la dernière raison mais pas les autres. Et encore une fois, ça ne concerne que moi. Si une personne préfère garder le secret, qu'elle se sent bien avec sa décision et que c'est sa façon de protéger son job, sa vie, son jardin secret, tant mieux ! Mais si cette personne garde le secret pour respecter une tradition bien trop vieille, je n'arrive pas à le comprendre.

Je souhaite à toutes les femmes enceintes de vivre cette période le plus sereinement possible, avec le plus d'amour possible. Fabriquer un humain est déroutant, déstabilisant, fatigant, effrayant, alors le minimum c'est que tout le reste serve à nous apaiser.

J'ai fait le choix de le dire tôt à nos proches mais également d'attendre mon quatrième mois pour l'annoncer publiquement sur les réseaux sociaux. Pourquoi ? Parce que je fais la différence entre mes proches et mon métier. Quand j'ai fait ma fausse couche, j'ai reçu des milliers de mails, messages, commentaires, témoignages de soutien, mais aussi des critiques et des propos déplacés...

Je sais que cette annonce de grossesse va donner de l'espoir à beaucoup de femmes, et je veux délivrer cette nouvelle à ma manière, avec un ventre bien visible et bien rond. Mais avant d'affronter cette place publique où tout le monde va me donner son avis, j'ai besoin de finir de guérir de ma fausse couche, de réaliser que je suis enceinte de nouveau, de réussir à me projeter, et de faire tout ce chemin entourée de ma famille. C'est exactement comme ça que je suis parfaitement en phase avec moi-même, alors vraiment, au diable les trois mois.

Fin de ma plaidoirie.

# 19.
# Ah c'est ça le mal de mer ?

**La vie suit son cours, on attend les résultats d'examens de Gogo, et moi je vérifie si j'ai pas une trace de sang dans ma culotte dès que je vais faire pipi.** C'est dur de se débarrasser d'un traumatisme, c'est dur d'oublier…

Je n'ai pas de douleurs dans le ventre, par contre je découvre les nausées… Oh putain de sa mère, c'est quoi ce truc horrible? J'ai envie de vomir, j'ai plein de salive dégueu dans la bouche, mon corps se contracte pour rejeter mais rien ne sort. Mon Dieu.

Chaque odeur, chaque texture, chaque plat est un calvaire. Je n'aime plus ce que j'aimais avant, et je ne sais plus quoi manger.

Je n'avais jamais réalisé qu'avoir des nausées pouvait être si handicapant. Je peux pas bouger, je me sens pas bien, j'ai des sueurs froides. Je découvre ce symptôme si cliché, qui dans mon cas n'est pas du tout réservé au matin, non, non, non. Moi, j'ai envie de gerber le matin, le midi, le soir, et même la nuit. Les seuls moments de répit, c'est quand je dors.

À ce propos, il y a une autre nouveauté : je suis CREVÉE. J'ai envie de dormir tout le temps, et quand je dors, j'ai pas envie de vomir : nickel, finalement…

On décide de changer notre façon de travailler avec Chloé. Il est hors de question que je continue à bosser deux cents heures par jour avec des nausées et des somnolences. Pour la première fois depuis cinq ans, je choisis de prendre du temps pour moi, pour mon bébé, de ne plus vivre à mille à l'heure, et de commencer à profiter du moment présent, même si le moment présent, c'est d'avoir la tête dans un seau et de l'hypersalivation.

Ça rend complètement zinzin les nausées. T'as faim mais rien ne te fait envie, tu avales une cuillérée et ton corps la rejette, mais en même temps tu sens qu'il faut que tu manges. Et puis tu finis par chialer parce que ça te tape sur le système.

Les nausées sont partout, tout le temps. J'ai des renvois quand je mange, quand je bois un jus, quand je me brosse les dents, quand je suis debout trop longtemps. Un bonheur !

Ces nausées sont terribles à vivre mais étrangement, elles me rassurent : c'est un symptôme bien commun que je n'avais pas vraiment eu la première fois. Alors dans ma tête, cette grossesse est bien différente de la première, et finalement plus j'ai envie de vomir, plus ça veut dire que bébé va bien et se développe.

# 20.
# Le jour J

**On y est : deux semaines après l'opération de Gogo, il est temps d'avoir des réponses.** Et parce qu'avec mon mec, on aime bien enlever les sparadraps d'un coup sec, on s'apprête à vivre la journée la plus angoissante de l'histoire : à 9 heures, le véto pour Gogo qui nous dira si oui ou non il va devoir subir de lourds traitements, et à 14 heures, la première échographie pour vérifier si ça va… Si on survit à cette journée et qu'il n'y a que des bonnes nouvelles, c'est que tout ira bien maintenant, j'en suis sûre…

On ne parle pas beaucoup sur le trajet vers l'école vétérinaire. Gogo est hyper stressé car il sent qu'on l'emmène dans un endroit qui ne lui plaît pas vraiment.

Les médecins lui enlèvent les fils et l'interne vient à notre rencontre avec une bonne nouvelle : il y a eu un problème sur notre dossier, mais finalement tout est réglé; la tumeur est bénigne, pas besoin de soins supplémentaires, on peut rentrer avec notre chien guéri.

Je me mets à chialer dans mon masque, du coup il se colle à ma peau et ça me donne envie de vomir, mais aujourd'hui, même les nausées ne me dérangent pas. Parce que ça y est, le rendez-vous pour Gogo, c'est fait, la première étape de la journée est donc passée avec succès et un chien en super forme…

Mais la journée n'est pas finie et, à 14 heures, c'est le moment de savoir si tout va bien pour bébé et si je peux commencer à y croire pour de vrai…

Cette écho, c'est celle où tu sais si l'embryon est bien placé dans l'utérus et que tu ne fais pas une grossesse extra-utérine, s'il y a bien un développement d'embryon et pas un œuf clair, si son cœur bat…

Pour l'instant, c'est mon cœur à moi qui va lâcher tellement j'ai peur. Mais si Gogo va bien, je suis sûre que bébé aussi… Hein ? Ça va aller, pas vrai ?

On part pour la maternité, j'ai les mains moites et j'ai du mal à parler, mais je fais bonne figure. J'ai la gorge serrée. C'est grâce à ce rendez-vous que de nombreuses inquiétudes peuvent déjà être écartées, alors je croise tout ce que je peux croiser.

On est reçus à l'heure. Suite à certaines de mes expériences avec les sages-femmes et gynécologues, je me tiens sur mes gardes. J'ai eu pas mal de désillusions concernant le tact du corps médical, alors je fais gaffe.

Mais ce coup-là, quelqu'un de sympa et d'humain nous accueille. Une sage-femme se renseigne sur mon état de santé général, sur ma première grossesse, sur ces nausées qui me pourrissent bien la vie depuis quelques semaines… Après quelques questions qui font ressurgir mes inquiétudes, comme je m'y attendais, je prends place sur la table d'échographie.

C'est fou comme on prend vite le pli. Avant d'être enceinte, j'étais gênée chez le médecin d'enlever ma culotte, que des gens m'auscultent, que des appareils entrent en moi par cet accès si intime. Mais depuis ma première grossesse, après avoir été un vrai objet d'étude, d'observation, privée de mon intimité, je ne ressens plus rien quand je dois être nue (du bas en tout cas). Je ne me l'explique pas, mais il y a quelque chose d'étrange autour du détachement du corps : c'est comme si mon vagin ne m'appartenait plus. J'ai la sensation que c'est la propriété de tout cet univers médical qui doit m'observer de fond en comble, pour voir si l'être en moi va bien. Je ne suis plus qu'un vaisseau, une coquille protégeant ce qui aujourd'hui est essentiel. C'est sans doute parce que cet enfant est pour moi la chose la plus importante que j'accepte désormais pleinement d'être dépossédée de mon corps. Mais qu'en sera-t-il après la grossesse ? Qu'est-ce que je vais ressentir quand il ne sera plus en moi ? Vais-je réussir à me réapproprier mon corps ?

La sage-femme lance la machine, je n'ose pas regarder l'écran, j'ai peur de ce que je pourrais voir. Je lui demande de me prévenir quand je pourrai regarder. Je compte : 1, 2, 3... « Regardez, madame Letertre ! »

J'ouvre les yeux et je vois ce petit bout de nous. À force de faire des échos, j'ai appris à repérer ce qui va devenir un cœur puissant, et je vois qu'il bat.

Je demande tout de suite :

« Est-ce qu'il est bien dans l'utérus ?

— Oui.

— Est-ce que son développement semble normal ?

— Oui, je ne vois rien d'inquiétant.

— Est-ce que tout va bien ?

— Attendez... »

Je déteste cette phrase, quand un spécialiste se concentre sur un détail avec un air inquiet sans dire ce que c'est...

Une tache noire dans mon utérus apparaît à l'écran. Je ne sais pas ce que c'est, elle non plus. Je demande si c'est un second bébé ? Non, il ne semble pas...

Elle décide de faire venir une gynécologue pour vérifier. Le médecin arrive et se passe alors ce que je connais trop bien. Beaucoup de mots savants, et un peu moins d'empathie.

Elle m'explique que c'est une échographie très précoce et que c'est donc compliqué d'affirmer quoi que ce soit. La tache peut être un fibrome, un décollement... Je n'aurai pas de réponse aujourd'hui sur le sujet.

C'est fou comme dans ce genre de cadre, les gens oublient très vite que tu es là. Il y a une nana qui me rentre une sonde dans le vagin, et elle parle de moi à sa collègue comme si je n'étais pas dans la pièce.

Je crois qu'elle s'en est rendu compte au moment où elle s'est mise à penser tout haut. Tandis qu'elle fait l'inventaire de mon intérieur, une phrase lui échappe : « Il est lent le rythme cardiaque du bébé, non ? »

Alors là, c'en est trop, trop d'infos inquiétantes en cinq minutes, ça y est, je n'y crois plus. C'est fragile, une femme qui a perdu un bébé deux mois plus tôt. Ça a besoin d'un peu d'espoir, et là j'ai l'impression que tout est foutu.

Deux secondes plus tard, la sage-femme sympa lui indique que non, elle l'a vérifié juste avant, et le rythme est bon. Voyant que je me ferme complètement et que je dois être blanche comme les murs de l'hôpital, la gynécologue change d'attitude et me rassure un peu. Elle appuie sur un bouton pour vérifier elle-même le cœur et je l'entends. Toudoum-toudoum-toudoum. Effectivement, son cœur va bien...

Par pitié, arrêtez de penser tout haut. C'est l'enfer pour nous.

Comme j'arrive pas du tout à me détendre et que je suis un peu agacée par la gynéco, je dois faire ma tête des mauvais jours... Alors elle me dit de me rhabiller et me parle simplement pour me rassurer (enfin...). Pour l'instant, tout va bien! Si elle était inquiète, elle me dirait de revenir la semaine prochaine, là ce n'est pas la peine, il n'y a rien d'alarmant pour elle. Je dois me détendre, elle ne peut pas promettre que cette grossesse tiendra, mais rien n'indique qu'elle ne tiendra pas... Que c'est dur... On essaie de me rassurer mais sans pouvoir me garantir que tout ira bien, on sait jamais.

Je sais pas quoi penser, j'ai mal dans mon cœur et je me retiens de pleurer. J'ai l'impression que quelque chose ne va pas. C'est à cause de ce mot : « décollement »... Merde, pas ça... C'était le début de la fin, la dernière fois, le décollement... Non, non, non, allez Emy, ça va! L'autopersuasion, c'est un bon truc, ça aide parfois, non?

Juste avant de partir, la gynécologue demande à la sage-femme de me prescrire une analyse sanguine avant mon échographie du premier trimestre pour vérifier le taux HCG, pour la trisomie 21. Elle nous conseille de ne pas regarder sur Internet parce que ça va nous inquiéter... BAH C'EST TROP TARD MIREILLE. Après m'avoir dit que j'avais une tache noire non identifiée dans l'utérus, que le rythme cardiaque de mon bébé était lent et puis finalement non, et m'avoir demandé de vérifier la trisomie 21, j'ai du mal à pas m'inquiéter, vois-tu?!

Elle quitte le cabinet, nous laissant avec la sage-femme. Je sais même pas si je lui dis au revoir, je suis plus là, moi. Je sens que Dao et la sage-femme me regardent, mais je suis complètement déconnectée, jusqu'à ce que Dao me touche l'épaule. J'essaie de retenir mes larmes, je hoche la tête quand on me demande si ça va.

La sage-femme, qui est clairement devenue mon humaine obstétrique préférée, se met à me parler avec douceur. Elle voit ma peine, ma douleur, mon inquiétude. Elle m'explique avoir fait une fausse couche elle aussi, et que je n'ai pas besoin de me retenir de pleurer : je peux me lâcher.

Et là, je craque. Je l'aime bien, j'aimerais qu'elle soit là pour la prochaine écho : on prend rendez-vous avec elle pour le 22 décembre à 11 h 30, et d'ici là, on croise les doigts...

# 21. Essayer de vivre normalement

**À la suite de cette écho, les premières vingt-quatre heures sont compliquées.** Mais je décide de me rattacher à une phrase, la plus importante : « Si j'étais inquiète, je vous aurais dit de revenir la semaine prochaine, mais là ce n'est pas la peine, on se revoit dans un mois. »

Et puis j'ai envie de suivre mon instinct, et ma voix intérieure me dit que ça va, je fais confiance.

Les semaines passent et chaque samedi est une victoire. Oui, les semaines sont comptées tous les samedis pour moi. J'attends la semaine 9 avec impatience, puisqu'elle correspond à la fin de ma première grossesse. Et comme par hasard, devine quand tombe le samedi de la semaine 9 ? Le jour de l'anniversaire de Dao.

Après l'écho, je passe la plupart de mon temps allongée, j'ai une tension basse, des nausées du soir au matin, et sinon je dors. C'est compliqué à gérer, et puis mon moral commence à faire le yoyo.

On se rend pas compte à quel point ça rend fou les nausées. La faim, puis le corps entier qui se contracte pour ressortir ce qui était dans ta fourchette une seconde avant. Je chiale dès que c'est l'heure du repas. J'appréhende les lunchs, brunchs et tous les trucs en « unch ».

Bilan, ça finit en pâtes nature.

C'est une phase et je sais que ça va se régler, mais on a besoin de s'alimenter et on réalise pas le luxe que c'est de pouvoir le faire sans ce mal de mer dégueulasse, qui te possède en entier comme dans *L'Exorciste*.

Le mois de novembre, pour moi, c'est un peu le parcours du combattant. Trois des personnes les plus importantes dans ma vie sont nées presque en même temps. Tu vois où je veux en venir : anniversaires, donc soirées, donc fêtes (et donc vomi, et cette fois pas parce que je serai arrachée).

Quand j'étais jeune (lol), je passais ma vie dehors. J'adorais ça, voir des gens, me promener, sortir, faire la fête (un peu trop). Et puis je me suis mise à bosser et, d'un coup, je suis devenue casanière. J'ai réalisé qu'être chez soi sous un plaid, c'est quand même vachement cool !

Alors là, enceinte et nauséeuse à fond, t'imagines bien que je suis dans ma grotte et que je bouge pas. Mais la conséquence de tout ça, c'est l'isolement. La solitude, la frustration, et surtout le début de la peur de l'extérieur. Et puis ma grossesse me semble fragile, j'ai tellement peur de perdre mon bébé, alors pour moi tout représente un risque.

Sortir, faire la fête pour des anniversaires, pour moi c'est Koh-Lanta (sans la triche cette fois). Mais finalement, je passe l'épreuve du feu haut la main avec l'anniversaire de Jade, ma sœur et meilleure amie depuis la maternelle, qui est limite plus inquiète que moi de me voir debout dans un bar en train de boire un jus d'orange. Elle est déjà intenable en tata angoissée et je l'aime pour ça.

J'avais peur de mon état mais cette soirée comme l'anniversaire de mon père, quelques jours plus tard, m'ont fait un bien fou psychologiquement. Sauf que le plus dur reste à venir : l'anniversaire de Dao, qui correspond à la 9e semaine, stade de la fin de ma première grossesse... La pire semaine pour moi, remplie d'angoisse, de peur, d'incertitude. Une semaine particulière qui m'a beaucoup appris sur moi-même, sur ma façon de vivre cette nouvelle grossesse, et qui m'a permis de renouer avec un mot que j'avais laissé de côté depuis longtemps : confiance.

J'organise une surprise pour ses 35 ans, et en même temps j'espère qu'on n'en aura pas une mauvaise. Je rappelle au passage que tout cela se passe au cœur de mes nausées et vomissements journaliers, un bonheur.

Plus que quelques jours avant la fête, quelques jours avant le stade de la fin de ma première grossesse. Je guette chaque douleur suspecte et je vérifie le papier toilette à chaque fois (en fait, je le fais systématiquement depuis que je sais que je suis enceinte). Ma phobie : y voir une goutte de sang.

Nous sommes le 26 novembre, demain c'est l'anniversaire de Dao et peut-être aussi le premier jour d'une période de sérénité.

Tic tac, tic tac. On est le 27 novembre... Joyeux anniversaiiiiiiiiiiire, mon amour !

On y est : les 35 ans du père et les 9 semaines du *baby*. J'y crois pas. On l'a fait, on vient officiellement de passer le cap de la première grossesse. Pas une seule douleur, pas une seule goutte de sang et... du vomi. Mais c'est pas grave, ça veut dire que tout va bien. YAYYYYYYYY !

La journée ne peut pas être plus idyllique. Le futur papa est heureux que ce soit son jour, mais aussi notre jour. Une journée parfaite dans un amour parfait.

Le soir, on fait la fête, on annonce au reste des copains qu'on attend un heureux événement, tout ça est fou. Je sens que Dao et moi, on relâche un bout de pression, même si la vraie libération, ça sera l'échographie du premier trimestre.

Et moi je réalise en te le disant que finalement, être mère, c'est sûrement passer d'une angoisse à une autre. On ne trouve jamais la paix. Parce que le plus important, désormais, c'est la sécurité de ma chair et son bonheur, il va falloir que je me batte pour ça, et que je lui offre tout le meilleur du monde.

On rentre de cette soirée surprise extraordinaire, je suis émue de voir l'émotion de mon chéri : il est heureux d'avoir fêté dignement son anniversaire et réalise aussi que cette fois, c'est peut-être la bonne pour nous. Cette fois, on ira jusqu'au terme, ce *baby* sera en très bonne santé et on le rencontrera en juillet.

# 22. En attendant l'écho

**Chaque jour nous rapproche de notre rendez-vous, mais c'est long. Très long. Trop long.** Mes nausées ont encore empiré et cette semaine, je reste complètement alitée. J'ai la tête qui tourne dès que je suis debout et rien ne passe pour me nourrir. Je suis à bout de nerfs mais je peux pas m'empêcher de me sentir heureuse d'être malade à ce point : je sais, c'est con, mais je continue à me dire que plus je suis malade, plus ça signifie que bébé se développe et qu'il va bien.

Alors mon seau bleu de ménage devient mon meilleur ami, et l'eau citronnée ma bible. Je suis crevée alors je dors. Bref, j'ai la vie la moins passionnante de France mais une seule chose m'obsède, c'est ma T1 (mon échographie du premier trimestre de grossesse).

Je serai à 12 semaines d'aménorrhée + 3 jours, cette écho, celle que tout le monde considère comme L'Examen avec un grand E pour se dire que la grossesse se passe vraiment bien et écarter de manière importante le risque de fausse couche, tombe donc à une date parfaite pour être VRAIMENT rassurée et tout ça juste avant Noël, c'est parfait !

C'est à cette période que pour la première fois, je suis obligée de refuser du travail, or c'est un job dont j'ai toujours rêvé. On m'appelle pour me proposer un rôle super badass dans un prochain film Netflixien, une tueuse sans scrupule. J'ADORE ce genre de rôle. Le tournage se déroule sur mai et juin. Ah... Je serai une baleine à ce moment-là, mais bon, sait-on jamais, pourquoi une tueuse ne pourrait pas être enceinte ?

Je discute avec le réal mais effectivement, faire des cascades à huit mois de grossesse, c'est pas l'idée du siècle, tant pis. On se dit à bientôt, et sur son prochain film je serai une tueuse encore plus stylée et je porterai pas une culotte XXL de grossesse.

Ce qui me surprend, c'est mon absence de déception. Je redoutais de me retrouver face à cette situation, j'avais peur de ressentir un sentiment honteux du style : « Putain, si j'étais pas enceinte, j'aurais pu le faire. » Mais là, je ne ressens que le plaisir d'avoir été contactée pour ce genre de projet, et ça me donne confiance pour la suite. Si on m'appelle maintenant, c'est que mon nom commence enfin à circuler dans le milieu, moi qui étais l'éternelle snobée par le ciné puisque je viens du web. Alors dans quelques mois, quand on me proposera un autre projet et que j'aurai accouché, ce ne sera pas simplement une victoire professionnelle, mais aussi un bonheur personnel.

Maman et comédienne... Quel bonheur à venir.

J'ai toujours aimé l'hiver et les fêtes. Décorer la maison en chalet, admirer les décos de Noël dans les rues (qui font un peu la gueule, soyons honnêtes, puisque c'est la fin du monde depuis le Covid), faire des cadeaux, mal les emballer parce que je n'ai jamais su faire un emballage correct. Et puis maintenant que je suis en train de fabriquer un humain, créer de la féérie et se réunir est encore plus important pour moi.

Je pense beaucoup à mon bébé et à la mère que je vais être... J'ai plein de peurs, je me demande s'il va m'aimer, s'il sera un enfant introverti ou extraverti... Est-ce que j'aurai les bons réflexes? Est-ce que je saurai déceler s'il traverse une épreuve? J'ai peur. J'ai peur de ne pas être une bonne mère, j'ai peur aussi qu'il ait les mêmes souffrances que moi quand j'étais enfant, j'ai peur qu'il se sente isolé, exclu, seul.

Je garde tout ça pour moi jusqu'à ce qu'un soir je décide (enfin) de communiquer mes angoisses à Dao. Et sans me rendre compte, je me mets à pleurer et à réaliser que je transfère mes peurs d'enfant. Toutes les épreuves que j'ai traversées enfant et ado me foudroient. Je fais souvent abstraction de ces mauvais souvenirs pour avancer, mais pour la première fois, je suis confrontée à beaucoup de questions et je réalise que je ne parle pas de mon enfant, mais de moi.

Et si j'étais en train de fabriquer mon enfant mais qu'en même temps, je fabriquais (enfin) mon MOI adulte? Et si je disais enfin au revoir à mes plaies ouvertes? Même si, comme le disait Jean Ferrat, «nul ne guérit de son enfance», rien ne nous empêche d'essayer.

J'ai plein de secrets, comme tout le monde, j'ai plein de choses qui m'habitent toujours et de manques qui ne seront jamais comblés, mais il n'y a pas de fatalité, et ce qu'on a subi, on ne le reproduit pas forcément.

Je prends la décision de comprendre que je suis moi, et que je ne suis pas vouée à répéter les erreurs qui m'ont fait souffrir.

« Et si j'étais en train
de fabriquer mon
enfant mais qu'en
même temps,
je fabriquais (enfin)
mon MOI adulte ? »

Je refuse la fatalité et les idées préconçues selon lesquelles les chiens ne font pas des chats et que nous reproduisons forcément ce que nous avons connu. Jusqu'ici, j'ai créé un chemin bien à moi, que personne n'avait emprunté avant moi, et que je continue à façonner comme je l'entends. Il en sera pareil pour mon statut de maman. J'en serai une, et je ferai en sorte de faire tout ce que je peux pour remplir ce rôle du mieux possible.

Cette conversation m'a fait un bien fou. Dao sèche mes larmes, me prend dans ses bras ; ensemble on décide que tout va bien aller et c'est une certitude.

J'ai la chance d'avoir un mec qui est aux petits soins pour moi. Je pense à toutes celles qui n'ont pas la chance d'avoir un ou une conjoint·e, et surtout aux mamans solos. J'avais très envie de vous parler. J'avais très envie de vous dire que vous êtes des guerrières, des battantes. Que vous êtes ce que l'humanité fait de mieux et que votre abnégation est un cadeau.

Je voudrais vous dire que vous êtes belles, que vous êtes généreuses et courageuses. Qu'une grossesse peut être terriblement difficile et que personne n'a le droit de diminuer ou de rabaisser vos souffrances, vos douleurs et vos maux.

Sachez que depuis mon lit, en pyjama moumoute, les cheveux en bataille et avec ma gourde d'eau au citron, je pense à vous et vous envoie tout mon amour.

# 23. C'est toi mon bébé ?

**22 décembre. C'est le grand jour, je suis aussi stressée que si j'allais me marier.** Qu'est-ce que j'ai peur de ce qui peut s'afficher sur l'écran. Je ferai comme je fais toujours, je fermerai les yeux jusqu'à ce que la sage-femme me conseille de les ouvrir.

Notre rendez-vous est à 11 h 30 mais je préfèrerais y être pour 11 heures. Je suis toujours tendue sur les timings, je déteste arriver en retard, être dans le speed et ajouter du stress au stress.

11 h 15, on arrive à la maternité (oui, on est à dix minutes de l'hôpital, ce qui rend encore plus ridicule ma peur du retard et mes arguments d'anticipation du style « si c'est bouché », « s'il y a pas de place »...). Pas de chance, la sage-femme est en retard d'une bonne heure. Alors on attend...

Attendre dans une salle d'attente, c'est pire qu'attendre ailleurs, et beaucoup plus stressant. 11 h 40, 11 h 50, 12 h, 12 h 15... Qu'est-ce que c'est long, dix minutes... Et soudain je me souviens du conte que j'ai écrit : *Monsieur Temps*. Je souris intérieurement et je m'apaise comme par magie. Je devrais profiter de ces dix minutes plutôt que de vouloir que ça aille plus vite, parce que sinon, les bons moments aussi seront accélérés, et ça c'est hors de question !

« Madame Letertre ? »

Oh ça y est, c'est à nous, putain, putain, putain, respire Emy, ça va aller... Je sens la sage-femme très stressée d'être en retard, et que ça va pas être aussi calme que prévu, mais bon elle est sympa, alors tout devrait bien se passer.

Elle m'installe tout de suite sur la table d'écho et lance la machine. J'ai même pas le temps de fermer les yeux comme je fais toujours, quand j'entends la sage-femme dire : « Ouh là, ça bouge beaucoup. » Hein ? Quoi ? Il bouge ?

Je tourne la tête et le temps s'arrête. Je vois mon bébé.

Il a des bras, des jambes, une tête, un corps. C'est la première fois que je vois à l'écho un bébé avec une forme de bébé. Lors de ma première grossesse, l'embryon ne se développait pas. Là, il est tout entier, avec tout ce qui compose un être humain. J'ai envie de pleurer.

Il est tellement actif que la sage-femme n'arrive même pas à prendre les mesures. Je saisis la main de Dao et je vois ses yeux brillants. On est comme hypnotisés par cet écran qui nous permet de rencontrer notre bout de nous. Il est rigolo, il bouge dans tous les sens, il lance ses petites jambes et le fait qu'il embête la sage-femme me fait sourire. Je profite de chaque seconde.

Elle arrive enfin à prendre les mesures et nous rassure. La T1 est très importante ; elle permet notamment de déceler un éventuel problème ou une malformation, et aussi d'évaluer les risques de trisomie 21. Or, tout semble OK. Je l'entends même dire : « Il est parfait ce bébé. »

Une information m'intéresse particulièrement. J'ai très envie de savoir si une première estimation du sexe est possible. Après avoir réussi à saisir une image, la sage-femme nous indique qu'il est probable que ce soit un garçon, mais sans certitude.

L'examen se termine et je suis sur un petit nuage. J'essuie le produit sur mon ventre et je retourne à son bureau. Retour à la réalité. On se retrouve ensevelis sous une tonne de papiers. La déclaration de grossesse, l'examen complémentaire pour la trisomie 21 même si visiblement, on n'a aucune raison de s'inquiéter, mon certificat de grossesse, mon ordonnance pour vérifier ma toxo tous les mois... J'avoue ne l'écouter qu'à moitié, tout ce qui m'intéresse, c'est de récupérer les photos de l'échographie pour présenter mon *baby* à tout le monde.

# 24. Joyeuses fêtes !

**On passe Noël en famille et tout le monde est heureux de compter un nouveau membre.** Nos potes sont surexcités et tout le monde est aux petits soins pour moi. Mon ventre s'arrondit de plus en plus et moi je suis sereine.

Je me sens différente. Cet examen m'a vraiment détendue et j'ai l'impression de désormais commencer à profiter vraiment de mon état. En plus, je vais bientôt rentrer dans le second trimestre, le meilleur moment de la grossesse. Les nausées diminuent, les vomissements aussi, et je reprends de l'énergie. Parfait pour ouvrir des cadeaux, préparer les valises et partir dans la campagne normande pour une semaine de vacances au calme. Loin de Paris, loin du Covid (oui, je préfère dire LE Covid, faut arrêter de féminiser tous les trucs relou), loin de l'agitation et de la guerre que traverse le monde entier.

On arrive dans une maison digne d'un Disney, une chaumière façon *Blanche-Neige et les sept nains*. Personne dans les environs, un grand jardin pour les chiens, une cheminée énorme : la perfection.

On laisse couler les jours, on se repose... Mon ventre continue à s'arrondir, je découvre que mon corps ne sera plus le même, c'est à la fois effrayant et apaisant. Si mon ventre grossit, bébé aussi. Je passe mon temps à lire et à faire des projets pour la nouvelle année, à me projeter sur la chambre et tout le reste. Les vacances sont parfaites, hormis un petit incident qui vient créer une inquiétude chez moi.

Dao est sorti faire les courses et moi, je mate un film. Quand il rentre, les chiens sont surex' de le voir et, dans son élan, Gogo saute sur le canapé et appuie ses pattes sur mon ventre. Et là, c'est le drame. J'ai peur que le bébé soit écrasé. Est-ce qu'il est là? Est-ce qu'il va bien? Je me mets à faire une crise d'angoisse et je ne maîtrise plus rien. Imagine si ça a causé un choc, s'il va mal? Dao tente de me calmer et mon chien se sent coupable, je le vois. C'est pas sa faute, petit père. Je me calme doucement, colle mes mains sur mon ventre en attendant... En attendant quoi d'ailleurs?

Dao prend rendez-vous chez une sage-femme pour une écho à notre retour. Pas la peine de me demander, il me connaît : tant que j'aurai pas vu que ça va, j'aurai ça dans la tête.

Après m'être calmée, je réalise que j'ai peut-être été un peu excessive. C'est pas si fragile, nan? Si? Je prends mon chien dans mes bras en lui expliquant comme à un enfant qu'il ne doit pas marcher sur mon ventre, et je finis par m'endormir.

La surprise arrive le lendemain matin. C'est une sensation que je n'avais encore jamais eue. Comme des chatouilles dans le ventre, des petites bulles qui éclatent. Je demande à ma belle-mère et à ma belle-sœur qui me disent que c'est sûrement le bébé. Déjà ??? C'est lui que je sens, là ??? Ça veut dire qu'il va bien et qu'il n'a pas été écrasé ? Bonheur.

Vraiment, une femme enceinte, c'est pas toujours facile à suivre.

On passe nos derniers jours de vacances, on rentre à Paris, on reprend le boulot et on attend impatiemment l'écho de jeudi...

# 25. *It's a boy*

**Depuis que j'ai senti les bulles, je suis à l'affût.** C'est dingue que je le sente déjà, je trouve ça magique.

À ce stade, une fois qu'il est fini, tu réalises que le premier trimestre, c'était vraiment l'enfer. T'es malade, ton ventre est plat et tu ne sens pas ton bébé. Rien, dans ces trois phrases, n'est rassurant. Puis tu rentres dans le second trimestre et tout devient lumière et sécurité. Ton ventre s'arrondit, preuve du bon développement, tu sens ton bébé, et en plus tu n'es plus malade en général. Que demande le peuple ?

On se rend au rendez-vous pour l'échographie. Puisqu'on a pris le premier créneau de libre, on ne connaît pas la sage-femme, et on espère qu'elle est cool. Étant traumatisée par le corps médical, j'espère à chaque fois ne pas tomber sur quelqu'un de froid, blasé ou même agressif.

Et là, c'est tout l'inverse. Je tombe sur une sage-femme super humaine, super cool et patiente, et je m'attache directement à elle. Ça, c'est mon problème : dès que les gens sont gentils avec moi, je m'attache à eux.

Je lui explique pourquoi nous sommes là, et elle me rassure tout de suite. Elle n'est pas du tout inquiète, mais me propose de vérifier. Elle m'indique que je suis dans mon quatrième mois et j'en conclus que je comprends toujours rien aux semaines de grossesse et d'aménorrhée, ni aux mois auxquels elles correspondent, mais c'est pas grave, j'ai la seule info importante, la date du terme : le 7 juillet.

Je m'installe sur sa table, elle allume la machine et soudain il est là, et il gigote. Il va bien… Je ressens une vague réconfortante dans tout mon corps. Il est plus gros que la dernière fois, nan ? La sage-femme m'explique que c'est la dernière fois que je le verrai en entier sur un écran, c'est déjà limite.

Il nous fait un coucou de la main, qui provoque un rire général. Il mesure désormais 15 cm, la longueur d'une photo développée d'un Kodak, et pèse 146 grammes, soit le poids d'une tablette de chocolat… Je craque !

On fait savoir à la sage-femme qu'on a eu une estimation du sexe et on lui demande si elle peut confirmer. Elle nous indique que c'est un peu tôt, et donc rarement fiable, mais qu'elle va essayer. D'un coup, l'image se retrouve sous mon bébé, elle rigole et me demande ce que je vois. Je regarde et je comprends tout de suite : « C'est un petit garçon ? »

« Oui, là, y a plus aucun doute », me répond la sage-femme.

Cette information provoque un déclic. Je viens de réaliser que je suis enceinte. Pour de vrai. Je vais avoir un fils.

La vérité, c'est que je m'en fichais du sexe du bébé. J'étais aussi heureuse à l'idée d'avoir une fille ou un garçon, mais le fait de savoir m'aide à me projeter pour de vrai, sur un physique, une voix, un prénom… Comme je l'expliquais au début du livre, savoir que l'on est enceinte et réaliser que l'on est enceinte, c'est deux infos bien distinctes. Et aujourd'hui, en regardant mon fils de profil sur l'écran, je viens d'assimiler les deux.

La sage-femme me confirme que c'est bien mon bébé que je sens, et moi je suis heureuse. Il est parfait, et je n'ai qu'une hâte : le tenir dans mes bras.

# 26. C'est mon corps ça ?

**C'est fou comme on change de vision en permanence (non, je ne parle pas du fait que je suis de plus en plus myope, quoique...).** Fin décembre, j'avais la sensation d'avoir un ventre bien rebondi et j'en étais déjà super fière, et aujourd'hui, soit seulement un mois plus tard, je me regarde et je me dis : « Waouh, mais j'avais pas du tout de ventre avant ! » Et dans un mois, ça sera pareil, et j'aurai l'impression que mon bidon actuel est discret.

Je découvre un corps que je n'ai jamais eu auparavant, tout change, se forme et se déforme. Un jour je me sens super gracieuse et canon, le lendemain j'ai envie de pleurer et je jalouse toutes les meufs enceintes beaucoup trop stylées des réseaux sociaux. Ce qui est paradoxal puisque pour la plupart des gens, JE SUIS une meuf des réseaux sociaux. Comme quoi, on ne sait jamais qui on a derrière son écran.

J'ai pris un peu plus de quatre kilos depuis le début de ma grossesse, ce qui est visiblement très correct vu que le médecin ne m'a pas grondée ! Il faut dire que j'étais tellement malade au premier trimestre que je ne risquais pas de les stocker de suite. Mais j'ai quand même vu ma poitrine changer (d'ailleurs, étant donné que mes seins méritent un chapitre entier, on en reparlera plus tard), la cellulite s'installer sur mes cuisses, mes fesses et même mes mollets… Oui, tu as bien lu, mes mollets. Merde, je savais même pas que c'était possible d'en avoir ici.

J'avoue que même en faisant partie des meufs qui défendent le *body positive* et tout le reste, ça ne m'a pas empêchée de chialer en me regardant dans le miroir. Sans parler de cette mine pâle, toute pâle, en mode sœur cachée de Casper le fantôme, mes cernes de boxeur, mes boutons d'acné… Je m'imaginais pas du tout comme ça, enceinte.

Je suis bercée par un fantasme imposé depuis bien trop longtemps, celui d'une femme enceinte absolument parfaite. La seule chose vraiment ronde, c'est son ventre, mais pas un poil de graisse autour, un teint radieux, une peau de bébé, des cheveux soyeux, des seins rebondis…

Je pense que si on nous ment depuis toujours sur les VRAIS symptômes comme l'hyperémèse gravidique, l'hypersalivation, les nausées, les hémorroïdes, la constipation, la fatigue de l'espace, la peau de merde et j'en passe, c'est pour une bonne raison : si on nous disait la vérité, on serait à l'aube de l'extinction humaine.

Écoute-moi bien : pour rien au monde, je voudrais ne pas être enceinte, mais putain, qu'est-ce que c'est dur. C'est aussi peut-être le meilleur argument? Plus la bataille est rude, plus la victoire est belle. Bah je peux vous dire qu'alors mon fils va être carrément canon. Une perfection de la nature.

**Parlons un peu du champ lexical moins connu de la grossesse :**

- **Hyperémèse gravidique** : vomissements et nausées sévères qui te lâchent pas du soir au matin, et qui nécessitent une vraie aide médicale pour t'accompagner parce que t'es pas seule ma sœur, on est avec toi. Cœur, cœur.
- **Hypersalivation** : pas de mystères, comme son nom l'indique, tu salives sa mère. J'ai passé mon temps à avoir envie de vomir à cause de ça et à cracher dans un seau toutes les deux minutes : un enfer.
- **Hémorroïdes** : le trou de balle en chou-fleur (désolée, mais appelons un chat un chat, et dans notre cas un vaisseau qui pète un vaisseau qui pète). Je peux vous dire que ce symptôme-là fait bien chier (sans mauvais jeu de mots). Non seulement t'as mal, mais en plus tu saignes. Et si t'es une angoissée comme moi, je peux te dire qu'au moment où tu vois du sang sur ton PQ alors que t'as fait une fausse couche six mois avant, ça fait tout drôle.
- **Constipation** : pas besoin d'un dessin non plus, mais imagine que tu combines ça aux hémorroïdes ? Allez, c'est cadeau.
- **Remontées acides** : l'incendie dans ta trachée. J'ai testé, j'ai détesté. T'as l'impression d'avoir l'Etna dans l'estomac. C'est douloureux et très handicapant. Un plaisir.
- **Test de Kleihauer** : c'est à nous de transmettre du sang au bébé, pas l'inverse, et le test sert à vérifier que le sang va dans le bon sens.

- **Pré-éclampsie :** ça c'est un truc pas cool, je préfère que ce soit un médecin qui t'explique.
- **Ectropion :** en gros, c'est quand ta muqueuse utérine, plus précisément au niveau du col de l'utérus, se retourne. Et vu qu'elle est plus sensible et très irriguée, ça peut saigner. Ça arrive parfois après un rapport. Oui, oui. Ça m'est arrivé, je te raconte ça plus loin…

# 27. Et mes nichons dans tout ça ?

**Tu l'attendais, je le sais, et nous y voici! C'est parti pour la fameuse discussion nichons.** Alors là, les potes, ça va être un sujet délicat, je préfère vous prévenir. Mes seins et moi, on a commencé à se tolérer il y a six ans seulement…

À la puberté, j'ai vite compris que ma poitrine n'allait pas être celle que j'imaginais. Pourquoi «j'imaginais»? Bonne question, voilà la réponse.

On ne parle jamais des vrais seins. On est habitués à ne voir qu'un seul type de nichons, celui des magazines, des films et des mannequins. À croire que toutes les femmes ont les mêmes. Évidemment, laisser penser ça aux jeunes femmes ne peut causer que du mal… Si tant de complexes sont liés à la poitrine, il n'y a pas besoin d'aller chercher bien loin. Dès qu'une de ces meufs est *topless*, ses seins sont symétriques, l'aréole est colorée mais pas trop, son téton ressort de manière élégante, ils tiennent tout seuls. En un mot, ils sont parfaits.

On enseigne donc depuis toujours à des jeunes gens qu'un sein doit ressembler à ça, et que c'est anormal si ce n'est pas le cas. Quand tu construis ton image en tant que femme, ça pose forcément problème, parce que dans la vraie vie, peu de monde a ce type de poitrine.

À l'adolescence, tu regardes ta poitrine et tu te rends compte qu'elle ne ressemble pas aux seins dans les magazines, alors la honte s'installe, suivie du silence. Tu gardes ce secret pour toi, tu mets des push-up, des pulls larges, tu caches ce que tu penses être difforme. Le monde ne t'a pas prévenue que les images dans les médias sont un mensonge, et c'est ça le problème.

L'adolescence, c'est aussi le moment où tu développes un intérêt pour la sexualité, mais comment vivre cette expérience sereinement si tu as honte de ton corps ? Sans parler des jeunes filles qui se retrouvent moquées par leurs copains qui, à force d'avoir maté trop de porno, n'hésitent pas à dire : « Ta poitrine est trop chelou wesh... »

J'étais dans ce cas. J'avais les seins en forme de poire, une légère asymétrie, et surtout j'ai attendu des années avant d'avoir des tétons. Ou plutôt des tétons qui ressortent. Personne ne m'a expliqué que mes tétons étaient en fait ombiliqués, et que c'est assez courant. En gros, la partie qui pointe sur les poitrines « normales », chez moi, elle reste à l'intérieur. Alors mon téton est rosé, mou et plat. Complètement plat.

Je ne pouvais pas les regarder, je les détestais. Et puis à 16 ans, je me suis réveillée avec une grosse boule douloureuse dans le téton. Un kyste énorme arrivé d'un coup, rien de grave en soi, mais ce truc me forçait à me focaliser sur cette partie de mon corps que je considérais comme difforme.

Quand j'ai été opérée, pour la première fois un médecin m'a expliqué que cette forme de tétons pouvait parfois causer des problèmes pour l'allaitement. À l'époque, j'ai 17 ans, je veux pas d'enfant, alors je m'en fiche. Et puis, quelques années plus tard, la vie me fait une petite piqûre de rappel. J'ai un gros problème hormonal qui surgit, nécessitant des soins. On en vient même à m'expliquer qu'avoir des enfants un jour sera peut-être compliqué. J'ai 21 ans, on me dit que je suis malade, et encore une fois mon corps est contre moi.

Finalement, je me remets de tout ça, et l'idée de me réconcilier avec mes seins commence à me travailler. Je décide de rencontrer un chirurgien pour savoir s'il est possible de me «constituer» un téton, si un allaitement pourrait fonctionner comme ça, et si une légère augmentation mammaire pourrait me permettre de «corriger» leur forme tout en prenant un peu de volume. Bref, la totale.

J'ai attendu longtemps, deux ans exactement, et beaucoup réfléchi avant de me décider à pousser la porte du cabinet d'un chirurgien. Ce n'est pas une décision à prendre à la légère, c'est une opération, c'est dangereux. Il m'explique qu'une opération de chirurgie reconstructrice est possible pour faire ressortir mon téton, mais il ne peut pas me garantir que mes canaux d'allaitement vont fonctionner malgré tout. Puis on parle de prothèse mammaire, un truc discret (en gros, un bonnet en plus). Je repars du cabinet, je réfléchis pendant une éternité et je lui donne mon *go*.

L'opération d'augmentation s'est bien passée : finie la forme que je détestais. Mais malheureusement, question tétons, c'était cuit, la reconstruction n'a pas fonctionné. Ce n'est pas grave, j'aurais essayé. Et je n'ai pas eu d'autre choix que d'apprendre à les aimer.

Six ans plus tard, enceinte, c'est une nouvelle étape pour mes nichons et moi. Moi qui avais une aréole toute claire, je me retrouve avec une coloration plutôt séduisante à mon goût, et sur le reste des seins la carte des autoroutes de France. Après les douleurs du premier trimestre, je découvre une augmentation mammaire de la mort qui m'oblige à changer tous mes soutiens-gorge.

Je redécouvre ma poitrine, je me retrouve face à l'inconnu et à des réflexions récurrentes... Par exemple : « Comment tu vas allaiter ? », « Crois-moi, je suis sûre que tu peux allaiter », « Vu qu'ils sont refaits, ils vont pas être encore plus moches après ? » Les gens, parfois... Je sais pas à quoi mes nichons vont ressembler après mon accouchement, mais pour être honnête, à l'heure actuelle, j'en ai rien à foutre. Rendez-vous au post-partum !

# 28. Lettre aux daronnes « parfaites »

**Oh putain. J'ai découvert une pandémie pire que le Covid-19 et qui dure depuis bien plus longtemps : la daronne parfaite-19.** Quel enfer. Mais qui l'a ramenée à notre soirée ?

Je lui demande rien, mais elle adore répondre aux questions que je lui pose pas. Elle juge, elle râle, elle est passive-agressive, et en vrai, personne peut la blairer.

J'ai jamais trop compris d'où ça venait, ce gène du sans-gêne. Je me dis qu'à l'origine, ça doit être une sorte de bienveillance un peu maladroite… Ou alors ces gens se parlent à eux-mêmes ? Alors on est peut-être juste un prétexte pour leur permettre de sortir leur colère, leur culpabilité… Parce que tu ne vas pas me dire que ces gens sont heureux, je n'y crois pas une seconde.

Qui peut être heureux en se fixant autant de règles ? Autant de chances de se décevoir au quotidien, ça doit être épuisant. En fait, plus j'en parle et plus j'ai de l'empathie pour ces personnes. Celles qui ont une phobie de l'échec, qui ont besoin de reconnaissance en permanence, et qui se sentent obligées d'en faire toujours plus que les autres, pour moi c'est forcément une punition qu'elles s'infligent. Mais pourquoi ?

Quoi qu'il en soit, peu importe ton combat intérieur, tu n'as pas à l'imposer aux autres, alors voici quelques mots pour toi, chère collègue maman.

Je te remercie de t'inquiéter pour moi et pour mon enfant, je te remercie de te sentir si impliquée et je te remercie d'augmenter mon angoisse (non ça, finalement, je ne te remercie pas). Mais si je souhaite un conseil, je le demanderai, si je souhaite être rassurée, je le communiquerai, si je souhaite de l'aide, je le formulerai.

Je vais faire des conneries, c'est une certitude, je vais merder plein de fois, mais sache que ça ne me fait pas peur, parce que mon père aussi a fait des erreurs, et ça ne l'empêche pas d'être le meilleur des papas.

Je n'ai pas peur parce que j'ai moi-même fait plein d'erreurs dans ma vie, et pourtant je suis toujours là, pas trop mal dans mes baskets. Je n'ai pas peur de faire des conneries, je vais juste tout donner pour en faire le moins possible. Je vais y mettre mon cœur et mon âme, et je vais apprendre en pratiquant.

Je vais apprendre à le nourrir sans l'allaiter, et ça ira très bien. Non, ce n'est pas si grave, je n'ai pas été allaitée et pourtant je me suis développée normalement, et tu veux que je te dise? Attention, serre les dents parce que ça va t'énerver… Même si j'avais pu allaiter, je ne l'aurais pas fait. Parce que je n'en ai pas envie, ça me met mal à l'aise, parce que je préfère pouvoir contrôler ce qu'il va manger, et que je souhaite que son père et moi soyons autant indispensables l'un que l'autre.

Je ne vais pas lui acheter que des jouets en bois, il regardera peut-être un peu trop la télé, il mangera parfois des céréales trop sucrées, il dormira peut-être trop longtemps avec nous ou alors pas assez.

Je ne suis pas médium, mais ce que j'ai appris, c'est que tout planifier est source de stress et de déception. Par contre, je me projette, je projette du bonheur, et je sais que ça va être cool.

Alors Madame Parfaite, pète un coup, viens boire un smoothie et vivons en harmonie avec nos propres choix, nos propres envies et nos propres emmerdes.

Bisous.

# 29. *OH MY GOD.* Il bouge !

**J'ai tellement attendu ce moment...** Le sentir, jouer avec lui à travers ma peau. Je pensais pas que j'aurais la chance de le sentir pour la première fois à trois mois, pendant nos vacances de Noël. Certaines de mes amies ont dû attendre cinq ou six mois... Comme quoi, il n'y a pas de règle.

Comme je te le disais, à trois mois, c'était pas un coup, ni quelque chose de super évident. C'était une sensation nouvelle, comme des petites bulles qui éclataient dans mon ventre. C'était impossible à percevoir pour mon mec, un peu frustrant pour lui de ne pas pouvoir le sentir, et culpabilisant pour moi de ne pas pouvoir lui offrir ce moment si privilégié. Les sensations sont restées au stade de bulles un bon moment, jusqu'au lendemain de mon anniversaire, pour être précise.

Le premier coup, je m'en souviens encore. J'ai pas tout de suite compris d'où ça venait et j'avais besoin qu'on me confirme que c'était bien bébé. Ça, c'est un truc que j'ai fait tout le long de la grossesse : demander qu'on me confirme des trucs impossibles à confirmer, puisque c'est dans mon bidon.

J'ai senti un mouvement net à 18 SA, et je me suis mise à pleurer. Pour moi, il y a eu un avant et un après. On devient vite accro aux mouvements. Ça rassure, ça réconforte, et ça devient d'un coup beaucoup plus concret : on a un vrai colocataire qui se manifeste, et qui parfois met la musique un peu trop fort et s'enflamme en déménageant tout l'appart.

Quand j'y pense, je me dis que j'ai vraiment eu confiance en ma grossesse à partir du moment où j'ai senti mon bébé, la phase d'après les bulles, les vrais coups. C'est aussi là que j'ai commencé à communiquer avec lui. Je sais quelle chanson lui plaît, je sais qu'il reconnaît son papa quand il lui parle, on joue ensemble. Depuis, c'est la fiesta dans mon bidon. Parfois j'ai presque envie de lui demander de m'inviter dans mon utérus, là-dedans ça a l'air aussi *hype* que Coachella. Même si de temps en temps, lorsqu'il bouge moins, je m'inquiète un peu, cela n'a plus rien à voir : désormais je sais qu'il est là, je sais qu'il va bien.

# 30. Et ta libido, elle est comment ?

**Alors là, on va parler d'un GROS sujet : la fameuse libido pendant la grossesse.** De mon côté, on joue à « Où est Charlie ? » depuis bientôt six mois. Eh oui, pas de miracle. Il faut dire que dès que le « + » s'est affiché sur le test, y a pas que notre cœur qui s'est arrêté. Encore traumatisés par notre perte, tout est devenu d'un coup trop fragile, trop incertain. Alors le blocage s'est installé, dans ma tête mais aussi dans celle de Dao. Une peur s'est infiltrée en nous comme un virus : « Et si on lui faisait mal ? Et si ça déclenchait une nouvelle fausse couche ? »

On est passés de lapins en rut à lapins tout court, en un test de grossesse. Pendant quelques semaines, j'ai même ressenti une aversion pour le toucher, même les câlins simples. Ma peau me faisait mal, j'étais mal à l'aise.

Peut-être que c'était ça, le problème. J'avais peur d'avoir du désir, des envies, d'y succomber, et de faire mal à mon bébé. Mon inconscient s'est chargé du reste et m'a installé une forteresse dans le cerveau. J'avais envie de rien, aucun désir. Depuis que je sais que je suis enceinte, l'angoisse de revivre une fausse couche est si forte qu'il est hors de question de prendre un quelconque risque. Même si les médecins m'ont rassurée, j'arrive pas à me détendre et, encore plus fou, je réalise maintenant que le plus tendu des deux, c'est mon mec. Je suis devenue à ses yeux le mélange d'une divinité et d'un vase en cristal prêt à se briser si on l'effleure. Il a une peur bleue de mal faire, de faire mal, et quand mon cerveau s'est débloqué, le sien pas du tout.

Avec en plus le corps qui change, le ventre qui s'arrondit, impossible de faire semblant que tout est normal... Suivant les positions, il sent mon ventre, alors... BAM, blocage. Il me caresse la cuisse, il monte un peu... PAF, encore le ventre. Une grossesse, c'est partout, tout le temps, c'est présent et obnubilant.

Au début je comprenais, j'étais patiente, puis j'ai commencé à flipper : « Et si, en fait, il me trouvait plus du tout sexy ? Si ça se trouve, ma prise de poids le bloque ? Je suis devenue dégueulasse et je l'excite plus du tout, c'est sûr... » Et c'est reparti pour un tour, je suis de nouveau mal dans ma tête, même s'il m'explique que je suis magnifique et que c'est seulement la peur de mal faire qui le bloque.

À force de discussions et de patience, on commence à se détendre. Un soir, le désir est trop fort, j'ai envie de lui sauter dessus, et je le fais. On arrive à se retrouver tous les deux, sans stress, sans pression et ça nous fait du bien.

« J’avais peur d’avoir
du désir, des envies,
d’y succomber,
et de faire mal
à mon bébé. »

Tout se passe super bien, même trop bien. Je me sens apaisée, heureuse, je pars à la douche limite en sautillant et là, BOUM, le choc. Je suis pleine de sang séché autour des cuisses, au niveau du pubis et j'en ai même en bas du ventre. Je fais un gros flashback horrible de l'été dernier, mon cerveau *freeze* complètement, je crie à mon mec de venir. Il devient tout pâle en voyant le sang. On cherche pas à comprendre, une seule phrase sort de sa bouche : «On va aux urgences.»

Moi j'arrête pas de répéter à voix haute, sans même m'en rendre compte : «Pas ça, pas encore.» On peut pas me l'enlever, pas cette fois, j'ai du mal à respirer et à contenir mes larmes, j'ai vraiment la sensation d'être sept mois plus tôt aux urgences dans le Sud. En plus, je n'ai pas senti bébé depuis notre rapport... Et si c'était la fin?

En arrivant aux urgences, je suis tellement paniquée que je n'arrive pas à donner mon âge à la sage-femme. On nous installe en salle d'écho et la soignante allume la machine. Je n'ose pas regarder l'écran. Je me surprends à renouer avec ce réflexe de ma première grossesse : fixer Dao pour lire la bonne ou la mauvaise nouvelle sur son visage.

La sage-femme procède à l'examen sans un mot, alors une voix sort de moi sans que je la contrôle : «Il est vivant?» Elle me regarde et me dit : «Mais oui, bien sûr!»

PUTAIN, mais t'attendais quoi pour me dire que ça va???! Elle m'annonce que bébé se porte très bien, il est très calme à l'instant T mais il est sûrement endormi. Elle prend le temps de tout m'expliquer, et nous attendons ensemble que bébé se mette à bouger. Je la sens vraiment investie, elle veut comprendre d'où vient le saignement et elle finit par trouver. C'est un ectropion.

Souviens-toi, je t'ai expliqué ce que c'était quelques pages plus tôt. En gros, ma muqueuse au niveau du col s'est retournée, et comme c'est une zone super irriguée, on a juste déclenché un saignement pendant le rapport et c'est tout. Rien de grave du tout. Du tout, du tout, du tout.

Elle m'explique que je peux encore saigner pendant quelques jours mais que tout va bien, et nous laisse rentrer chez nous. J'explose en larmes dès qu'elle sort de la pièce, et comme par hasard mon alien se met à bouger à ce moment-là. Comme pour me dire : « Désolé maman, je dormais, j'ai raté quoi ? » Je craque complètement et je relâche la pression. On rentre lessivés et soulagés, mais question rapports sexuels, malheureusement, j'ai l'impression qu'on est vaccinés...

# 31.
# + 9 kilos

**22 semaines, rendez-vous pour la T2, je suis super contente parce qu'en plus, on va essayer la 3D.**

Faut dire que ces derniers temps, j'ai besoin qu'on me remonte le moral. Je me suis bloqué le dos et j'ai des grosses douleurs sur le côté droit des côtes depuis quelques semaines. Personne ne comprend ce que c'est, et moi je dors plus tellement j'ai mal. On a aussi constaté que mon utérus est contractile... Autrement dit, comme son nom l'indique, il est dur tout le temps. Alors forcément, déjà que j'avais pas trop le droit de bouger, là c'est encore pire.

Les trois premiers mois, j'ai été tout le temps malade alors j'ai pas bougé, le quatrième mois, j'allais un peu mieux mais j'étais crevée des semaines passées, et au cinquième mois, mon utérus devient contractile et j'ai des douleurs insupportables qui me fatiguent, me tendent et me collent des contractions.

Les soignants me répètent de ne pas faire trop de voiture, d'éviter les transports, et sans être forcément au lit, de rester au repos chez moi. Évidemment, tu écoutes les médecins, c'est eux les patrons, mais j'avoue que je commence à me sentir seule, et avec ces douleurs aux côtes en plus, c'est la déprime.

Alors cette T2, c'est un rayon de soleil dans mon nuage gris, et je l'attends avec impatience.

Bébé est toujours aussi mignon, il remue dans tous les sens (un peu trop), si bien que mon écho 3D, je peux me la mettre où je pense… Mais c'est pas grave, je suis fascinée. C'est incroyable comme il a grandi, comme il bouge. Je suis à plus de la moitié de ma grossesse maintenant, et je vais bientôt pouvoir l'avoir dans mes bras. J'ai tellement hâte…

L'écho finie, on discute des prochaines étapes : trouver une sage-femme pour les cours de préparation à l'accouchement, faire des analyses (dont le test dégueu du glucose pour savoir si je fais du diabète – beurk), et je lui parle de mes douleurs. Sur ses conseils, on va prendre rendez-vous chez une ostéo, et avec un peu de chance, ça va changer ma vie (*fingers crossed*).

On finit le rendez-vous médical en parlant de mon poids… Sujet délicat. Je ne m'exprime pas énormément sur ce sujet, puisque lorsque je l'ai fait sur mes réseaux sociaux, on m'a gentiment envoyée bouler en me disant que j'avais pas le droit de me plaindre puisque mon poids de grossesse était celui de beaucoup de personnes qui n'étaient pas enceintes. Bon…

Au début, j'ai voulu gentiment expliquer que chaque morpho est différente, qu'effectivement en soi 64 kilos n'est pas un poids élevé, mais qu'il faut prendre en compte la taille d'une personne, la rapidité de sa prise de poids ou encore son ressenti. Et puis finalement, j'ai même pas eu envie de débattre, je me suis juste sentie seule et j'ai préféré me taire. Mais bon, ici, je me sens plus libre d'en parler alors je le fais.

J'ai toujours été fine, mon poids n'a jamais été trop un problème. Je fais ici une différence entre poids et silhouette. Je ne suis pas fan de mon corps à la base. Je le trouve pratique parce que j'ai une taille qui me permet de porter beaucoup de choses et qui me maintient en forme. J'ai (presque) toujours fait entre 50 et 55 kilos, j'ai des abdos et je suis plutôt tonique. Mais ce n'est pas pour autant que je me sens bien dans ma peau. Mes hanches trop droites, ma taille pas vraiment marquée, mes bras trop gros, mon dos plein de défauts, tous ces complexes m'empêchent d'être vraiment en paix avec ce corps, même si on arrive à cohabiter...

Les trois premiers mois de grossesse, j'ai pas vraiment pris de poids, puisque j'étais tout le temps malade et que je ne mangeais pas grand-chose. Alors quand les nausées se sont calmées, j'ai pris... d'un coup.

Au moment où j'écris ces lignes, j'en suis à ma trentième semaine, et ma prise de poids s'est un peu ralentie. J'ai pris 9 kilos, ils sont arrivés en deux ou trois mois. Soudain je ne reconnais plus mon corps. Alors qu'il était si basique, si droit, je me suis retrouvée avec une poitrine très large, un gros bidon et de la cellulite partout.

Je me regarde dans la glace et je ne me reconnais pas. C'est un sentiment paradoxal parce que d'un côté, voir mon ventre pousser est un grand bonheur qui me rapproche de la rencontre avec mon bébé, mais d'un autre, je ne reconnais pas cette meuf dans le miroir.

J'avais en tête ces nanas enceintes canons, leurs photos d'elles nues où tout est doux, en symbiose, la forme du ventre magnifique, la poitrine pulpeuse et harmonieuse, la cambrure du dos qui plonge sur un joli fessier. J'étais persuadée que j'allais être comme ça.

Or, quand je me regarde, je vois un truc tout pâle, fatigué, avec une tension de 9/6 qui n'arrive pas à remonter, un dos sans cambrure, un fessier inexistant, des seins larges avec la carte routière imprimée dessus, et des grumeaux plein les cuisses et les mollets. Moi qui pensais ressembler à Emrata, je suis plus proche d'Obélix.

On cherche à me rassurer mais ça ne change rien : enceinte, je ne m'aime pas physiquement, je ne me trouve pas jolie, j'ai l'impression de ne pas être à la hauteur de mon bébé, que je ne lui fais pas honneur. Je n'arrive même pas à trouver des vêtements qui me mettent en valeur, je me sens tout de suite comme le Gaulois et son menhir.

Je ne sais pas comment mon corps va évoluer dans les mois à venir, ni à quoi il ressemblera après la naissance, mais ce que je vis en ce moment avec mon reflet me fait réaliser à quel point j'ai été dure avec mon corps d'avant la grossesse. Je le maltraitais, je lui parlais mal. Or, quand je regarde des photos de moi avant de tomber enceinte, je me surprends à le trouver beau. Mais c'est comme tout dans la vie : c'est toujours quand on perd quelque chose que l'on se rend compte à quel point on l'aimait.

# 32.
# Les douleurs et la déprime

**Suite aux conseils de la sage-femme, j'ai pris rendez-vous chez une ostéopathe pour tenter de soulager mes douleurs, qui ont commencé à devenir invivables après la T2.** Ça a démarré avec une gêne dans le milieu du dos à droite, qui s'étend quelques jours plus tard dans mes côtes droites.

Petit à petit, ce qui était une simple gêne devient une douleur foudroyante. Ça oscille entre des sensations d'étirements très intenses et une impression d'écartèlement si violent que ça me coupe la circulation. Au bout d'un moment, j'ai perdu la sensibilité en haut du ventre, pendant que des coups de poignard continuaient à me frapper en bas des côtes… Tout ça, seulement du côté droit.

Je me réveille chaque nuit en gémissant, je ne peux pas être assise ni debout trop longtemps, et même manger me fait souffrir. Un enfer.

La première ostéo me remet une vertèbre en place, on pense être débarrassées du problème, mais aujourd'hui, à

30 semaines, je peux vous dire que rien n'est réglé et que je finirai sans doute ma grossesse comme ça.

Je vois une deuxième ostéopathe qui émet plusieurs hypothèses, et m'explique que je ne suis pas la première femme enceinte qu'elle voit avec ce souci. Ça me rassure, parce que je me sentais seule : toutes les nanas enceintes à qui j'en parlais n'avaient jamais eu ça. D'habitude, ce qui fait souffrir pendant la grossesse, ce sont les lombaires, le bassin, les sciatiques… Mais moi, ce sont mes côtes qui m'ont lâchée.

J'apprends donc grâce à cette ostéo les notions de névralgie intercostale (en gros, tes nerfs se coincent, se pincent ou se fatiguent, et tu crèves de douleur) et de costochondrite, une inflammation des cartilages. Depuis, je suis suivie toutes les semaines chez elle, elle tente de me soulager, mais malheureusement je me suis fait une raison.

Comme je vous le disais, je me sens isolée depuis quelque temps. Ma vie est comme entre parenthèses. Suite à mes chutes de tension et à quelques malaises en voiture, on me demande de me reposer encore plus. Avec ces douleurs qui s'ajoutent, je ne peux pas bouger comme je voudrais et je me sens encore plus seule.

Je ne pensais vraiment pas que j'allais mener cette vie, enceinte. Je sais qu'on ne peut rien prévoir, mais je n'ai pas pu m'empêcher d'imaginer que pendant cette grossesse, j'écrirais trois livres, je voyagerais jusqu'à sept mois, je tournerais dans trois ou quatre projets cinématographiques. Et puis non. La vérité, c'est que je n'arrive à rien. J'arrive pas à bosser ; pour la première fois de ma vie, j'ai même pas d'inspi pour écrire. J'ai l'impression que toute ma créativité est squattée par mon utérus. Je dois être en train de créer un équivalent de la chapelle Sixtine pour être à ce point face à une page blanche, moi qu'on surnommait la machine à écrire.

Ça m'angoisse. J'ai peur. Peur de ne pas réussir à rebondir professionnellement après la grossesse, peur d'avoir laissé passer ma chance, peur de demain, peur de devenir tout ce que je ne voulais pas, de ne plus être une battante. Moi pour qui bosser était devenu une religion et une échappatoire...

Mais il y a des moments d'apaisement, et quand ils arrivent, je me retrouve à taper de nouveau sur mon clavier... C'est pourquoi je te raconte tout ça aujourd'hui : ça fait trois heures que j'écris sans m'arrêter.

En neuf mois de grossesse, je crois que j'apprends plus qu'en 31 ans de vie. Il faut que j'arrête de passer mon temps à avoir peur de demain, de me décevoir, de tout perdre, de ne pas vivre mes rêves. Si je ne travaille pas, c'est parce que je suis épuisée et que ma grossesse n'est pas simple. J'ai le droit de prendre du temps pour moi, pour la première fois depuis des années. J'ai le droit de partir pour mieux revenir.

J'avais besoin de l'écrire ici, comme pour rendre réel ce que j'ai compris récemment. Je ne suis sûrement pas la première nana enceinte complètement paumée sur le plan professionnel, et j'ai envie de partager ce que j'ai dans les tripes : ça va aller, ça va vraiment super bien aller. Et la vie d'après va être encore meilleure, parce que maintenant, je ne me bats plus pour moi, je me bats pour l'avenir de quelqu'un d'autre, et c'est le meilleur carburant pour encore plus tout casser dans ma vie d'après. Prépare-toi le monde, *I'll be back*.

# 33. Le Covid, enceinte

**Qui a eu la bonne idée de faire un bébé en pleine fin du monde?** Quand on parlera de la période de sa naissance, il aura sûrement l'impression d'avoir vécu l'apocalypse. Entre la crise sanitaire avec le Covid, la guerre en Ukraine et les élections présidentielles, y a de quoi se dire qu'on est un peu au pire moment de l'histoire… Mais y a-t-il déjà eu un bon moment?

Quand il va apprendre qu'en plus j'ai eu le Covid quand il était au chaud dans mon bidon, il va carrément penser qu'il est un X-Men et qu'il va sauver le monde (remarque, il aura raison, je pense que mon fils va sauver le monde).

Comme vous l'avez compris, j'ai eu le Covid enceinte, à 24 semaines exactement. J'étais déjà hyper angoissée avec la question du vaccin, alors ce «positif», je l'ai très mal vécu.

Petit rappel du contexte au cas où vous lisez ce livre en 2077 et que vous n'êtes pas au fait de toute cette période. En prévision de notre voyage à Tahiti, on a reçu un vaccin et un rappel en juin 2021. Soit pile la semaine où je suis tombée enceinte... Neuf semaines plus tard, j'ai fait une fausse couche. Comme personne n'a été capable de me garantir à 100 % qu'il n'y avait pas de lien, je ne saurai jamais le pourquoi du comment. L'embryon ne se développait pas et puis c'est tout. Prends ça dans ta face, et démerde-toi.

Alors évidemment, quand j'ai vu aux infos qu'une troisième dose allait être obligatoire limite pour avoir le droit d'aller pisser, j'ai paniqué. J'avais peur de perdre mon bébé à cause de cette injection, mais entre les conseils de mes proches, la pression vaccinale et tous les trucs flippants qu'on voyait à la télé, j'ai cédé. Je suis allée recevoir la troisième dose la peur au ventre, je suis rentrée chez moi dans le même état, et encore aujourd'hui je croise les doigts en espérant ne pas avoir fait le mauvais choix.

Dix semaines plus tard, à 22 semaines de grossesse, bam : résultat positif au Covid. Dao et moi, on se retrouve confinés à la maison.

Cette période d'isolement commence mal. Le premier soir, j'ai une crise de douleur en haut du dos et je commence à me sentir très oppressée quand je respire. Au début, je mets ça sur le compte de mes problèmes de côtes, mais c'est quand même vachement haut dans le dos, comme des coups de poignard à chaque respiration. Alors forcément, je panique, et mon mec aussi. Comme toute diva qui se respecte, je gémis dans tous les sens mais hors de question d'aller aux urgences : j'ai trop peur qu'ils me gardent et moi, je suis un peu traumatisée de l'hôpital. Finalement, on attend patiemment, la douleur passe et n'est jamais revenue.

Les jours qui viennent, je suis pas au top de ma forme. Je dors beaucoup, je tousse beaucoup et j'ai mal au crâne. Un peu comme une bonne grippe à l'ancienne.

Quand on a le Covid, plein de choses passent par la tête. C'est flippant, une pandémie (nan... Sans déc ?!). Mais je suis fière de moi, d'avoir réussi à contenir mes angoisses, ma peur, et d'avoir fait confiance à mon corps. Finalement, le vaccin, c'était peut-être pas une mauvaise idée, peut-être que sans, j'en aurais chié encore plus...

Même si je m'en serais bien passé, je me suis complètement remise de cette expérience et tout va bien. Pas d'inquiétude pour bébé ni pour moi : le test est redevenu négatif et on est repartis comme en quarante tous les deux.

# 34.
# Le prénom

**J'en parlerai plus tard, mais c'est fou comme « grossesse » rime avec « sans-gêne » (ça rime vite fait, quoi).** On te touche le ventre sans te demander la permission, on commente ton poids devant toi comme si t'étais pas là, on fait des pronostics pour le prénom « en rigolant »...

C'est LA grande question. Celle que tout le monde se pose. J'ai jamais compris l'obsession sur ce point. OK, c'est important, mais pas au point d'être (trop) curieux, de cuisiner les parents, et de devenir clairement lourd.

Pour t'expliquer en toute sincérité le choix du prénom de notre *baby*, remontons un peu en arrière.

Lors de ma première grossesse, nous avions fait hyper tôt une liste de prénoms chacun de notre côté avec Dao. On ne connaissait pas le sexe du bébé, alors on cherchait des prénoms pour filles et garçons. Côté filles, je n'avais quasiment choisi que des prénoms mixtes. Côté garçons, j'avais aussi quelques prénoms mixtes, mais surtout j'ai toujours adoré le prénom Scott. Logique, puisque je suis fan de l'Écosse. Mais Dao, lui, n'était pas chaud.

Finalement, je me suis éloignée de ces premières idées et j'ai commencé à chercher des sonorités et genres différents, à m'intéresser aux significations, et surtout à faire des tests avec le nom de famille de mon mec. Une fois ma liste terminée, j'ai convoqué monsieur pour lui faire mon exposé.

Après avoir délibéré un certain nombre de jours (ou plutôt de semaines) et avoir mis notre veto sur pas mal de prénoms proposés par l'autre, on s'est rendu compte qu'il y en avait un qui revenait tout le temps. C'était décidé, si c'était un garçon, ce serait Isaac.

Ce prénom, on adorait tous les deux sa signification, sa sonorité, ce que ça donnait avec le nom de famille de mon mec. On était contents d'avoir trouvé un terrain d'entente, et puis ça rendait cette grossesse un peu plus concrète. Mais la vie en a décidé autrement, et notre bébé est devenu une étoile.

Quand je suis retombée enceinte huit semaines plus tard, forcément, on était dans un autre état d'esprit. On avait beaucoup de craintes, du mal à se réjouir, à faire confiance. Alors le prénom, on n'en a pas discuté tout de suite.

Puis, au fil du temps, au fil des examens médicaux, au fil du deuil aussi, on s'est mis à se projeter. On a commencé à vraiment réaliser qu'on allait devenir parents cette fois, que tout allait bien se passer et que ce bébé allait être l'amour de notre vie.

On a donc recommencé notre petite investigation de prénom. Une question s'est alors posée... Si c'était un garçon, est-ce qu'on allait l'appeler Isaac ? On a longtemps hésité, c'est un prénom qu'on adorait. Après mûre réflexion, nous avons décidé de ne pas l'utiliser. J'avais l'impression de voler le

« Mais la vie
en a décidé autrement,
et notre bébé
est devenu une étoile. »

prénom de quelqu'un d'autre. En faisant ce choix, c'est comme s'il ne s'était rien passé. Or, ma première grossesse a été essentielle pour moi, et j'ai aimé très fort cet enfant que je ne rencontrerai jamais. Hors de question de lui retirer son identité. Ce bébé a existé pendant neuf semaines. Il est parti mais n'a pas disparu. Maintenant c'est une étoile, qui s'appelle Isaac.

Et puis, ça n'aurait pas été juste pour ce bébé que j'attends. Lui aussi mérite sa propre identité, lui aussi mérite qu'on cherche pendant des semaines, qu'on ne soit pas d'accord, que je dise que Wyatt est un super prénom et qu'on me réponde : « Mais on n'est pas dans *Charmed*, Emy !! »

Alors on a recommencé les listes, on a cherché, cherché, cherché, cherché. Dao a détesté certains prénoms que j'ai proposés, j'ai détesté certains prénoms qu'il a proposés. On a évidemment un peu tourné en rond. J'étais super énervée parce que je trouvais que c'était un peu injuste, quand même, cette histoire. J'ai même eu à un moment une réflexion assez égoïste du genre : « Hey coco, c'est moi qui le fabrique pendant neuf mois, déjà que le bébé porte toujours le nom du père, j'estime avoir au moins le droit au dernier mot sur le prénom… »

C'est fou cette tradition du nom du père quand on y pense, non ? Comme s'il n'y avait qu'un seul parent… Mais bon, la vérité, c'est que je me suis pas beaucoup battue sur le sujet : mon nom de famille est vraiment moche et celui de mon mec plutôt moche, on a donc choisi le moins pire des deux.

Revenons à nos moutons… Dès la première échographie, on avait une super estimation du sexe du bébé, alors à 12 semaines, on savait déjà qu'il fallait trouver un prénom masculin. Vu qu'on n'arrivait pas à se mettre d'accord, Dao a eu une idée géniale : il a ouvert le calendrier (si, si, c'est génial, vous allez voir).

Parfois, on choisit pas un prénom, c'est lui qui nous choisit. Et c'est exactement ce qu'il s'est passé ce soir-là. On a cherché dans toutes les cultures et nationalités différentes les prénoms qui correspondaient dans le calendrier à la date de mon terme et autour du 7 juillet.

Quand on est tombés sur un des rares prénoms qui étaient déjà dans notre liste à tous les deux, une lumière a traversé le plafond. On a commencé à faire des recherches sur ce prénom, son histoire, sa signification : tout semblait évident. Ça y est, on avait trouvé l'heureux élu.

# 35.
# Le récap'

Les difficultés rencontrées selon les différents stades de grossesse :

**Premier trimestre de grossesse** :
- Faire pipi au bon endroit sur le bâton.
- Bien lire le résultat.
- Faire tous les examens médicaux.
- Se détendre.
- Vomir dans le seau et pas à côté.
- Essayer d'y croire.
- Faire confiance à son corps et à son bébé.
- Prendre du temps pour soi.
- Dormir.
- Trouver un prénom.
- Trouver son rythme entre boulot et grossesse (ça vaut s'il y a beaucoup de symptômes assez handicapants, si c'est pas ton cas, tu fais partie de l'élite et je te déteste un peu avec amour).

**Deuxième trimestre de grossesse** :
- Trouver comment annoncer sa grossesse si on a préféré attendre la première écho.

- Trouver un prénom si c'est pas encore fait (et c'est OK !).
- Supporter les remarques sur ton ventre (déjà bien sorti, ou pas encore : t'inquiète pas, ils trouveront toujours un truc à dire).
- Ne pas s'inquiéter si on ne sent pas les coups du bébé tout de suite.
- Être patient·e·s.
- Trouver une bonne sage-femme qui vous correspond et vous met en confiance (l'étape la plus galère pour nous, je ne compte même plus combien on en a essayé).
- Accepter la prise de poids.
- Essayer de calmer tes nouvelles craintes (qui vont de « Mon bébé va-t-il bien s'accrocher ? » à « Est-ce qu'il va bien ? » en passant par « Je l'ai senti bouger hier mais pas aujourd'hui, je suis sûre qu'y a un problème. »).
- Choisir la maternité où tu veux pondre.

**Troisième trimestre de grossesse** :
- Gérer la peur d'accoucher trop tôt.
- Supporter (ou empêcher) que les gens touchent ton ventre sans te demander.
- Réussir à respirer.
- Avoir du Gaviscon® toujours à portée de main pour les remontées acides.
- Comprendre les cours de préparation à l'accouchement.
- Écouter et comprendre son corps.
- Préparer la chambre (ça c'est quand tu veux, mais nous on l'a fait toute fin du 2e-début du 3e trimestre).
- Attendre, et calmer l'excitation quant à l'arrivée du divin enfant.

- Gérer la peur d'accoucher, de l'épisio, de la péri, de la déchirure, des contractions...
- Savoir quoi mettre dans sa valise maternité.
- Comprendre ce que doit porter bébé quand il va sortir du bidon. Sachant qu'il va arriver en été et qu'il va faire chaud, mais qu'en même temps dans ton corps, il fait 37 degrés alors il faut pas qu'il ait froid. Bref, comme tu peux le constater, je suis dans ma 35e semaine et je ne sais toujours pas quoi lui mettre.

# 36.
# La femme enceinte, propriété publique ?

**Je sais que tout le monde en a déjà parlé, mais vu que des mains qui ne sont pas les miennes continuent de poser leurs doigts sur MON corps sans MON consentement, je pense que le message n'est pas encore tout à fait passé.**

C'est fou, ça. J'ai pas fréquenté beaucoup de nanas enceintes jusqu'à maintenant, j'ai dû en connaître trois ou quatre, mais j'ai jamais eu ce genre d'attitude.

J'aime pas toucher le ventre des gens en général, alors je me vois mal arriver avec mes gros doigts et les poser sur l'utérus d'à côté… J'étais bien loin d'imaginer que des gens allaient le faire avec moi.

C'est intime le ventre, je pense pas en avoir touché beaucoup dans ma vie. Puis moi, je suis pas à l'aise avec le toucher. Y a le toucher social – la bise, serrer une main, mettre un bras sur l'épaule, faire un *hug* rapide –, mais la vérité, c'est que les gens ne se touchent pas beaucoup en général. C'est rare de poser ses mains à d'autres endroits que sur les zones « politiquement correctes ». Même prendre quelqu'un qui pleure dans ses bras, on peut pas être sûrs que ça va lui plaire.

Je trouve que quand on est enceinte, notre rapport au corps et aux autres est encore plus complexe. Peut-être parce que nous avons quelque chose ou quelqu'un à protéger, je ne sais pas… Alors devenir soudain un monument historique qui porte chance si tu le tripotes, c'est un peu violent comme transition.

Tout ne se déclenche pas d'un coup, je te rassure ; le chemin se fait crescendo, à mesure que ton ventre grossit.

Dans les premières semaines, les gens n'osent pas toucher : ils regardent ton ventre, parfois ils te demandent s'ils peuvent et parfois c'est toi qui proposes. Et ça, c'est OK ! Moi, les seules mains que j'aime avoir sur mon ventre, c'est les miennes et celles de mon mec. Là, c'est limite moi qui réclame, ça me rassure et ça renforce son lien avec notre fils. Au début, c'était le seul que j'autorisais à me toucher le ventre. Mais au fil des semaines, j'ai proposé à d'autres et j'ai perdu le contrôle.

J'ai jamais osé faire la remarque aux gens. C'est vraiment délicat, parce que la plupart du temps ce sont des proches, et

« Devenir soudain
un monument
historique qui porte
chance si tu le tripotes,
c’est un peu violent
comme transition. »

tu as peur de les blesser en leur faisant une réflexion. Mais franchement, parfois, ça m'a vraiment heurtée.

On te touche, on caresse ton ventre, on pose la main, on se balade un peu... Pardon de vous déranger, mais il y a ma duchesse en bas de mon ventre, donc merci d'éviter de m'effleurer l'entrejambe. Je suis pas qu'un utérus, je suis une femme aussi, qui a le droit de disposer de son corps et mérite qu'on lui demande si on peut lui toucher la peau. Déjà que tout l'univers médical passe sa tête au moins une fois entre tes cuisses... Tu passes ton temps le pubis à l'air, on commente ton intérieur, on y insère des machines, des doigts, des instruments gynécologiques... Et maintenant je me retrouve avec des mains collées à mon ventre, sans me demander, sans même me regarder, et woaw, ça fait bizarre. J'ai l'impression d'être devenue la Joconde. Et c'est hyper dur pour le rapport à mon propre corps.

Évidemment, ce n'est pas mon ventre que les gens veulent sentir, ni ma peau, mais mon bébé. Et même si la joie de mes proches me touche énormément et que ce réflexe ne m'a pas dérangée tout le temps, j'aurais juste aimé qu'on me demande l'autorisation, pour avoir moins l'impression de n'être qu'un « vaisseau pour bébé ».

Conseil pour les femmes enceintes : il faut faire attention à mettre des limites, parce que sinon les gens finissent par se croire tout permis, et c'est la débandade. Conseil pour tous les autres : si une femme enceinte vous propose de toucher son ventre, c'est ultra cool, si elle ne le fait pas, merci de ne pas forcer et de garder vos mains dans vos poches.

Tu croyais que j'avais fini mon coup de gueule? Non, non, non, passons à la partie 2 : les commentaires.

Alors là, je vais essayer de rester calme. C'EST QUOI VOTRE PROBLÈME? Non mais franchement... On n'a jamais autant commenté mon corps que depuis quelques mois. Et ce qui est étonnant, c'est que la plupart des gens pensent que ça va me faire plaisir. Mais comment ça? Je me vois mal croiser des gens dans la rue et leur dire : «Tiens, t'as grossi, toi!» ou «C'est fou ce que t'as maigri» ou encore «T'as remarqué que t'as une jambe plus courte que l'autre?»

La plupart du temps, l'intention est bonne, mais je t'explique pourquoi ça nous les brise.

**Ce que tu dis VS ce qu'on ressent :**

- «Oh bah ça se voit pas du tout...» : J'ai pas envie qu'on me dise que je n'ai pas l'air enceinte. Je le suis, je ne donne le droit à personne de commenter la progression de ma grossesse ni de me mettre dans le crâne une idée naze. Parce qu'une nana enceinte, ça cogite, et que si tu lui dis qu'elle n'a pas l'air «assez enceinte», elle a peur que son bébé ait un problème.

- «T'as rien pris du tout.» : Cf. au-dessus. Sur le coup, ça sonne comme un compliment, mais en fait c'est déjà tellement compliqué de voir son corps changer qu'on n'a pas envie d'être regardée fixement à la recherche d'un stock de graisse ou de cellulite. *Spoiler alert* : de manière générale, fixer les gens, ça les met mal à l'aise.

- « De toute façon, tu manges pour deux. » : L'inverse exact du dessus. Traduction : t'as grossi sa mère mais c'est normal, t'inquiète... Mais enfin ? À quelle heure tu vas voir quelqu'un pour lui dire qu'il a grossi et préciser les raisons pour lesquelles il a grossi ? T'es ni mon nutritionniste ni mon thérapeute. Et deuxième *spoiler alert* : je vis dans mon corps, je suis au courant que j'ai grossi et j'ai pas besoin de ton avis. Les questions et les réponses, je peux les faire toute seule.

- « Ça c'est un gros bidon ! » : Ai-je vraiment besoin de la traduire ? Non ? Merci. On passe à la suite.

Je ferai ici une dernière parenthèse avant de passer au chapitre suivant : d'où vient cette habitude de fixer les femmes enceintes comme si vous étiez au zoo ? Au début, j'ai cru que je devenais parano mais j'en ai parlé à d'autres femmes enceintes qui ont ressenti la même chose, ça m'a presque rassurée...

Dès que je suis dehors, je remarque des regards très insistants. Sincèrement, je ne comprends pas. Peut-être qu'ils se demandent ce que j'ai dans le ventre ? Ou alors ils sont fans d'*Alien* et ils pensent que je suis la réincarnation de Ripley ? Si vous avez des réponses, je suis preneuse...

# 37. Le royaume du petit prince

**J'adore la déco. Genre vraiment.** Faire des *moodboards*, des plans de trucs et de machins, ça m'a fait kiffer toute ma grossesse.

On a dans nos projets de trouver une maison pour avoir un jardin, c'est le rêve de ma vie. Mais dénicher la perle rare, ça prend beaucoup, beaucoup, beaucoup de temps. Alors en attendant, j'aime améliorer notre espace en permanence. Si tu rajoutes à ça l'histoire d'une nana enceinte qui a besoin de beaucoup de repos et qui cherche une occupation pour passer le temps, c'est plié : clairement, pendant ma grossesse, je me suis emballée niveau déco. Valérie Damidot a pris possession de mon corps et j'ai décoré la terrasse, réaménagé la salle de bain et développé une passion non négligeable pour les meubles upcyclés. Bref, j'ai passé ma vie sur Pinterest.

Mais le plus beau projet déco, c'était la chambre de mon beb'. J'avais très envie d'une chambre qui donne envie d'y rester des heures, jolie, cool et accueillante pour quelqu'un qui va découvrir la planète Terre. Alors on a tout de suite envisagé de lui créer une jungle sur mesure (et puis on est fans du *Roi Lion*, alors on l'influence un peu, j'avoue).

Faire la chambre, ça a été une étape importante. Jusqu'à cette période, il y avait toujours une partie de moi terrorisée à l'idée de revivre la même chose que l'été dernier. Pour être honnête, au moment où je t'écris, je suis dans ma 36e semaine et j'ai toujours peur. Je crois que la peur reste présente durant toute la grossesse quand on a vécu la perte. On ne respire que quand on a son bébé dans les bras.

Quoi qu'il en soit, je reculais un peu le moment de m'occuper de la chambre. Si je me lançais, ça voulait dire que j'avais confiance en l'avenir. Mais si les choses tournaient mal, cette pièce me rappellerait tout ce que j'ai perdu. Impossible d'oublier la difficulté et la douleur ressenties en rentrant de vacances cet été, quand j'ai dû mettre au placard toutes les petites affaires que j'avais achetées. J'avais tellement peur de ressentir cette peine à nouveau…

Alors on a attendu les six mois de grossesse pour créer l'univers de bébé. Je sais pas si c'est trop tard ou trop tôt, et je m'en fous un peu. On l'a juste senti comme ça à ce moment-là : « Viens, on se lance et on prend confiance. » Ni une ni deux, on a posé le papier peint, construit les meubles, rangé ses petites affaires. En un rien de temps, tout était prêt, et ça m'a fait un bien fou.

La création de la chambre, c'est tellement personnel que j'aurais détesté qu'on intervienne dans mon processus. Alors je n'ai pas de conseil à donner sauf un : faites-vous confiance. Et puis hésiter entre plein de couleurs, meubles et papiers peints, ça prouve juste à quel point vous voulez bien faire, et c'est tout ce qui compte.

# 38. La peur de pondre

**Le jour J approche à grands pas, et les angoisses d'accouchement augmentent.** Est-ce que je vais réussir à pousser ? Est-ce que tout va bien se passer ? Est-ce qu'il va être en bonne santé ? Est-ce qu'il va pleurer tout de suite ? Est-ce que je vais finir avec 36 points de suture et un seul trou pour faire pipi ET caca ? Est-ce que finalement, au dernier moment, ils vont me dire qu'il faut une césarienne ? Est-ce que je resterai seule dans une salle de réveil, ratant les premiers moments de vie de mon bébé ? Est-ce qu'ils vont bien poser la péridurale ?

Voilà, bienvenue dans ma tête. Je me suis un peu trop vantée de ne pas avoir peur de l'accouchement, et ça va finir par m'arriver en pleine face, et violemment. Malheureusement, les cours de préparation à l'accouchement ne me rassurent que pendant l'heure où ils ont lieu.

Récemment, on a eu la T3, dernière écho avant la rencontre. À ce stade, bébé est un peu trop gros pour te permettre de voir de super trucs à l'image, alors on se concentre sur les infos. (Soit dit en passant, toujours pas d'écho 3D stylée où je peux voir le visage de mon bébé, puisqu'il préfère se cacher le visage avec ses mains ET ses pieds.)

Pendant l'écho, on m'explique comme si c'était la meilleure nouvelle de l'année que bébé a la tête en bas et que c'est GÉ-NIAL ! Hallelujah, même si ça peut changer jusqu'au jour J, c'est déjà rassurant. Rien ne m'indique que je ne pourrai pas accoucher par voie basse, je garde donc mes phobies du mono-trou pour plus tard.

À 32 semaines d'aménorrhée, l'élu pèse déjà 2,2 kilos. Ah. La sage-femme fait une rapide estimation du poids à terme : 3,8 kilos. La vache ! Je vais devoir sortir presque 4 kilos de mon vagin pour mon premier accouchement. À cette annonce, je montre mes dents et je pense que ça ressemble à un sourire, mais en vrai je suis passée en noir et blanc et je ne capte plus la télé.

On m'avait pourtant dit que les premiers bébés sont tout minus. Le mien va faire 3,8 kilos, il aura son permis de conduire et un doctorat Sciences Po dès la sortie. Ça fout une sacrée pression mine de rien, va vraiment falloir que j'assure. Ce qui compte : bébé a l'air au top, il est dans les courbes, il est parfait.

On rentre à la maison et je commence à lire des trucs que je ne devrais pas lire. Par exemple, des témoignages sur l'épisio et les déchirures. Si je peux vous donner un conseil avisé : NE FAITES PAS COMME MOI.

En cette 32e semaine d'aménorrhée, je commence à avoir les fameuses décharges électriques dans le vagin. Quel bonheur ! Bébé a le front qui tape au plancher, et moi j'ai que mes yeux pour pleurer. Forcément, je commence à flipper.

Toute ma grossesse, avec ces histoires d'utérus contractile, de voiture à éviter, d'efforts à limiter, de ventre trop dur, j'ai eu peur d'accoucher trop tôt. Alors avec Pikachu dans la poupoune, je suis pas très à l'aise.

Je fixe la date du 9 juin sur mon agenda. Cette date, c'est celle de la fin de la 37e semaine. Celle à partir de laquelle il peut sortir dès qu'il veut. Je croise les doigts, on a fait le plus gros. Au moment où je t'écris, je suis vraiment tout près du 9 juin, et je peux te dire que je trépigne. Évidemment, s'il peut rester au chaud plus longtemps, c'est mieux, mais dans quelques jours on sera tranquilles. On l'aura fait bébé, on aura gagné.

# 39. Un cambriolage avec deux sucres

**Tu vas finir par me prendre pour une mytho, tellement j'ai eu de galères pendant la gestation.** Le Covid, la tumeur de mon chien, l'immobilisation à la maison, la costochondrite et maintenant ça ? Nan mais franchement, Karma, faut qu'on discute : tes embrouilles avec la loi de Murphy, moi j'y peux rien, réglez vos problèmes entre adultes et laissez-moi tranquille.

35 semaines de grossesse, un appel du voisin, la porte est fracturée. Génial. Je n'ai jamais vécu de cambriolage, je ne m'étais jamais préparée à ça. La maison, pour moi, ça représente le nid, la grotte et donc la sécurité. Jusqu'au jour où des gros connards sont entrés chez moi et ont décidé de bousiller toutes mes habitudes, toutes mes certitudes.

Je te passe le moment où j'arrive sur place, que tout est plongé dans le noir et que la police, avec ses lampes frontales, est en train de poudrer tous les objets pour trouver des empreintes. Ambiance *NCIS* sans la fiction.

Bilan : à part la porte, l'appartement n'a pas été saccagé et on ne m'a volé que du matériel. Ça fait chier mais ça s'arrange. J'ai eu peur un moment que ce soit un psychopathe qui prenne des infos sur nous, mais visiblement c'était surtout des mecs qui cherchaient du cash, du luxe et des bijoux. C'est pas mieux, tu me diras, mais ça m'a rassurée de me dire que je n'étais pas personnellement visée par l'attaque.

Il n'empêche que je sais pas ce que ces mecs ont vu, s'ils ont pris des photos, ce qu'ils ont dit, ce qu'ils ont touché. Ils sont entrés dans notre nid, notre intimité, et ils l'ont violée. C'est vraiment un sentiment horrible. Comment on fait pour s'endormir après ça ? Comment trouver le sommeil quand on sait que des intrus peuvent entrer chez toi et faire ce qu'ils veulent ?

Je vais accoucher dans pas longtemps et j'ai peur pour mon bébé. Sa chambre est plus proche de la porte d'entrée que la nôtre : comment ne pas flipper à chaque bruit dans le couloir et s'inventer des scénarios où des mecs cassent la porte et entrent dans la chambre de mon fils ?

Une expérience de ce genre traumatise, et rappelle aussi que ça n'arrive pas qu'aux autres. J'ai eu peur de perdre les eaux vu le choc, et de me laisser bouffer par l'angoisse après, mais on a tenu bon. Ce qui m'a marquée, c'est la façon dont mon cerveau s'est mis en off automatiquement. J'ai observé ça à chaque épreuve que je devais affronter. C'est fascinant comme nous sommes plusieurs dans notre propre corps, et comment une partie de nous peut prendre le dessus pour nous protéger.

Je remercie chaque parcelle de moi de remplir un rôle bien distinct, et en particulier celle qui m'a protégée face aux chocs. Merci parcelle forte. T'es une chic personne.

# 40. Et ta valise, elle est prête ?

**Chambre : OK.**

Double des clefs pour que les parents puissent s'occuper des chiens pendant qu'on est à la maternité : OK.

Siège auto : OK.

Valise de maternité : ... ?

Si je devais désigner une des épreuves logistiques les plus angoissantes de cette période, ce serait la valise de maternité. Et je suis incapable de vous expliquer pourquoi ce truc me stresse depuis des semaines. Peut-être parce que c'est l'acte le plus concret de ma grossesse? Peut-être parce que c'est la première fois que je dois faire la valise d'un bébé, et qu'en plus c'est le mien? Ma première question est hyper simple : PUTAIN, QU'EST-CE QU'ON MET DANS UNE VALISE DE MATERNITÉ? Mais comme personne n'est d'accord, t'es très vite paumée. Je me pose mille questions et je cherche un milliard de listes sur Internet.

Je décide de commencer par la partie du bébé, pensant que ce sera plus simple. Raté, ça me panique complet. Mon fils va naître en été (ou à la fin du printemps s'il se chauffe et qu'il est pressé de découvrir ce truc très cool qu'est la vie), alors je suis perdue. Est-ce que je dois quand même prendre des trucs chauds ? Faut qu'il ait du style, faut pas que je me foire sur les ensembles que je vais prendre. Combien de tenues par jour ? Et puis comment bien choisir les tout premiers vêtements qu'il va porter ? Et niveau taille, vu que c'est un gros bébé, je prends du 1 mois ou 3 mois ? T'es paumé.e ? Ça tombe bien, moi aussi.

Alors je décide de faire ce que je fais de mieux : prendre plus que ce qu'il ne faut. On m'a répété : « Prends pas trop d'affaires », « Te prends pas trop la tête », blablabla... Tout le monde la ramène mais personne n'est d'accord, alors je fais à ma façon : je prends plein de trucs, j'aurai du choix, ça m'enlève un stress, et le ridicule ne tue pas.

### La valise de bébé

Ce que j'ai retenu de vraiment important pour le grand jour.

Une tenue complète pour la salle de naissance : body manches longues, pyjama chaud, gilet chaud, chaussettes, bonnet. Apparemment, quand il sort, peu importe la saison, il passe de 37 degrés à moins alors il a besoin de chaleur.

Pour le reste du séjour, j'ai fait YOLO. J'ai pris de quoi le changer deux ou trois fois par jour en cas d'accident de couche ou de vomi.

Côté toilette, là aussi je suis à la rue. J'ai toujours pas compris ce qu'était un liniment, dans quel ordre il faut utiliser quoi, ni la différence entre une crème hydratante et une crème apaisante (même si je pense qu'on a une piste grâce au nom).

Mais l'avantage, c'est qu'il y a des nanas dont c'est le métier qui vont m'expliquer tout ça, et je noterai tout sur mon petit carnet comme une première de la classe.

Donc j'ai suivi une liste de naissance, j'ai tout acheté, j'ai ajouté les couches dans le sac, deux langes (j'ai pas encore bien compris l'utilité mais ça a l'air cool), les lingettes, et BAM c'était réglé.

**Ma valise à moi**

Là, c'était folklo. Ça m'a encore plus stressée que la valise de bébé. J'avais pas envie de ressembler à rien à la maternité. Il faut se rappeler que pendant un accouchement, tu laisses quand même ta pudeur et ton amour-propre à la porte. Alors ça m'angoissait, les discours du genre : « Prends des trucs dans lesquels t'es à l'aise », « Tu t'en fous »... Bah non en fait, je ne m'en fous pas. Tu visualises donc bien le vide dans mon regard devant ma valise à roulettes.

Imagine : ça va être le plus beau jour de ma vie. En général, lors d'événements super importants, tu te mets sur ton 31, et là, c'est tout l'inverse. J'ai pas envie qu'on me voie comme une nulle avec des fringues nulles. Ça peut sembler superficiel, mais je peux t'assurer que quand j'ai commencé à pleurer devant mon armoire, j'ai compris qu'il y avait un truc plus profond derrière...

De quoi j'ai peur ? Pourquoi c'est si important pour moi de ne pas ressembler à rien ? Je me suis posé ces questions, et les réponses sont venues assez rapidement. La première raison : je veux être jolie pour mon fils. C'est la première fois qu'il va me voir, c'est important une rencontre. Je sais bien que je vais sûrement finir en robe d'hôpital, mais au moins j'aurai fait au mieux pour le jour J. J'ai pris un tee-shirt noir large que j'aime bien et des chaussettes jolies. C'est con, mais moi ça me fait du bien.

La deuxième explication plutôt évidente, c'est la violence de l'accouchement moralement parlant. Pour l'instant, j'ai une bonne raison d'avoir un corps différent, mon bébé est dedans, alors ça va. Mais quand il va sortir et qu'il me restera qu'un gros ventre vide, qu'il va commencer à tomber et à toucher mes genoux, que la graisse dans mon dos et la cellulite sur mes cuisses et mes fesses vont devenir les seules choses qui me restent de ma grossesse, je sais que ça va être un peu (très) dur dans ma tête.

J'ai réalisé que je n'arrivais pas à me projeter dans mon corps d'après que je ne connais pas encore, et que j'ai peur de ce que je vais ressentir pour lui. Alors forcément, j'ai envie de limiter la casse. J'ai bien conscience que je vais devoir composer entre d'un côté l'envie de pas être moche et nulle, de l'autre la douleur, la fatigue, les saignements et les couches (les miennes, je veux dire), alors voilà ce que je me suis auto-conseillée pour me sentir bien.

Quand je ne sais pas quoi porter, je mets du noir et du basique. Simple, sobre, efficace. J'ai pris des tee-shirts noirs avec une belle coupe, que je porterai sur un legging. J'ai pris aussi de jolis joggings, toujours dans des cool couleurs : noir, beige (oups si je saigne dedans), kaki. J'ai ajouté des tee-shirts sans manches *boyfriend* et une robe ajustable à la taille grâce à une ceinture à nouer sur l'avant. OK, on n'est pas sur du Festival de Cannes, mais avec des bonnes coupes, c'est le genre de tenues à la fois vraiment stylées et au max du confort. Une cool paire de sneakers avec et bam : c'est qui la *mummy* postpartum *streetwear* comme dans les magazines ?

En ce qui concerne le côté esthétique et hygiène, pas de maquillage, et juste mes produits de soin habituels. J'ai tout acheté en double, pour ne pas avoir à y penser le jour J, pouvoir boucler mon vanity, régler le dossier et ne plus en parler.

Pour les suites de couches, j'étais perdue entre culottes jetables, filets, culottes de règles, couches, serviettes, et tout le reste… On m'a tellement dit que ça allait être les chutes du Niagara les premières heures que j'ai opté pour des culottes couches. Ensuite ça sera protections de nuit, et puis culottes de règles. Oh, les règles. Je les avais oubliées avec tout ça, ça va faire bizarre de les retrouver.

Voilà, c'est à peu près tout. Ce qu'il faut se dire aussi, c'est qu'il n'y aura rien que l'on ne puisse pas arranger lors du séjour. Le ou la conjoint.e, la famille, des amis… Il y aura toujours quelqu'un pour faire des allers-retours et apporter ce qui manque. Et puis la maternité a tout ce qu'il faut pour les bébés. Alors tout va bien se passer.

Ah oui j'oubliais : pense à prendre une serviette de bain pour toi. C'est bon, tu peux fermer ta valise. T'es prête et ça va aller.

# 41. Je veux pas qu'on le touche

**On continue dans les angoisses si tu le veux bien.** (Si tu veux pas aussi d'ailleurs, parce que j'aime bien, ça me soulage.) Après avoir découvert qu'enceinte, les gens adorent tripoter TON ventre sans ta permission, j'ai fait une autre découverte qui ne m'a pas du tout plu : le droit que les gens prennent sur TON enfant, et la pression qu'ils te mettent. Je m'explique.

Le bébé est même pas né que tout le monde a déjà des attentes le concernant. C'est quoi cette histoire? Chacun y va de son projet concernant l'enfant, comme s'il leur devait quelque chose. J'ai pas encore accouché, ce bébé n'a pas encore respiré pour la première fois, mais il a rendez-vous pour son anniversaire de deux semaines chez tante Germaine pour lui faire plaisir. Et après faut aller le présenter aux cousins de Montélimar parce qu'ils ont trop hâte de le voir. Euh… Pardon ?

T'imagines bien que ces projections m'ont plongée dans l'angoisse. Tu commences à connaître ma tendance à voir le monde extérieur comme un ennemi, alors il m'en a pas fallu plus. J'ai commencé à redouter que personne ne respecte ma volonté… Mon angoisse, c'est que tout le monde le prenne dans ses bras, veuille le toucher, et rien que de l'écrire, ça me colle des frissons. J'ai peur, mais alors une peur bleue, que les gens outrepassent leurs droits.

J'ai déjà prévenu qu'il n'y aurait pas de visites à la maternité, pour que Dao et moi, on soit seuls pour rencontrer notre bébé, et qu'on ne se laisse pas envahir. Notre vie va être complètement chamboulée, je vais sûrement vivre une épreuve physique hors du commun, merveilleuse mais difficile, alors j'ai aucune envie que tout le monde débarque pour me voir dans cet état et touche mon bébé alors qu'il n'a que quelques jours de vie.

Je veux qu'on nous laisse respirer, qu'on nous laisse apprendre et comprendre notre nouveau statut, notre nouvelle vie, et je veux prendre le temps de faire connaissance avec l'amour de ma vie avant que tout le monde ne recommence à me donner des conseils que je n'ai pas demandés. (Je t'avais bien dit que ce sujet me mettait vraiment en colère.) « Faut que tu le mettes à la crèche avant tel mois », « Faut pas que tu le portes trop », « Vous passez vos vacances d'été chez nous ? », « On vient chez vous dès que vous sortez de la maternité. » J'ÉTOUFFE.

Évidemment, je suis touchée que mon bébé suscite autant d'attention et d'intérêt, ça veut dire que tout le monde l'attend et lui veut du bien, mais je peux pas m'empêcher de voir le côté «jouet» dans leur attitude. J'ai l'impression qu'en se projetant avec le bébé, beaucoup de gens font passer leur plaisir personnel avant celui de l'enfant. Jamais je ne me suis permis de faire une quelconque remarque à une femme en gestation, ni de lui mettre la pression sur un événement ou une envie que j'aurais concernant son bébé.

On est le 17 juin 2022, c'est jour de canicule, je vais pas tarder à accoucher, et j'ai tellement peur de faire tout de travers avec cette petite chose si fragile que j'aimerais juste qu'on me dise : «Tu vas voir, l'accouchement va bien se passer», «Vous n'hésitez pas si vous avez besoin de quoi que ce soit»... J'aimerais qu'on me propose simplement de l'aide sans s'imposer, qu'on m'offre une présence pas envahissante, et surtout je rêverais d'entendre : «Envoyez bouler tous ceux qui ne comprennent pas que vous allez vivre le plus grand événement de votre vie, et que vous êtes maîtres de tout ce qui va se passer. Si vous souhaitez qu'on soit là, nous le serons, et si vous avez besoin d'espace, nous le respecterons.»

Après la naissance, j'aimerais aussi ne pas être obligée d'accepter qu'on prenne mon bébé dans les bras. Je vais avoir besoin de temps pour faire confiance aux autres, ne pas redouter qu'ils le contaminent avec une maladie ou qu'ils lui brisent la nuque en le portant mal.

Mon but n'est pas d'isoler mon fils du reste du monde, mais de nous laisser le temps dont on a besoin. J'avais l'impression d'être super dure, rigide, voire un peu névrosée (bon ça, OK) sur ce sujet, et puis j'ai commencé à parler à d'autres personnes qui allaient accoucher et ça a été la meilleure des décisions. J'ai réalisé que cette crainte, tout le monde l'avait. C'est dingue, je me sentais super seule, et d'un coup on était une armée de daronnes en train de créer un bunker pour se protéger du monde extérieur à la naissance de notre enfant.

C'est à ce moment que je me suis dit que je devais écrire ce chapitre. Nous sommes tous en flippe, l'enfer c'est les autres comme disait JP, et toute cette histoire m'amène à une conclusion que je trouve extraordinaire : finalement, ce qui me fait peur, c'est pas de mal aimer mon enfant, qu'il ne fasse pas ses nuits ou que mon couple soit en difficulté... La seule chose dont j'ai peur, c'est les autres.

Et ce déclic m'aide à me sentir beaucoup mieux : je suis complètement prête à être maman, je n'ai pas peur de l'arrivée de mon bébé.

# 42. Faut sortir maintenant monsieur !

**38 semaines, mon fils est tout à fait fini, il brille de mille feux et les finitions sont top !** Je n'en peux plus d'attendre de le rencontrer. Je veux tellement le voir, lui sourire, le serrer contre moi. Je n'en reviens pas d'avoir fait le chemin jusqu'ici, surtout après une fausse couche. Je suis si proche du but que j'ai l'impression que le temps ralentit exprès pour m'embêter.

Je suis à l'affût de chaque signe. On m'avait dit que la fin, c'était dur… Bah c'est vrai. Et puis avec cette canicule, je te raconte pas Johnny, j'ai le cardio d'une huître et la souplesse d'un pigeon. (C'est souple, un pigeon?) Entre le manque de sommeil en raison d'un *baby* qui fait Coachella dans le bidon, la sensation d'avoir les côtes fêlées tellement j'ai mal, le souffle court, le transit qui change et le col qui travaille avec ses coups d'électricité violents dans le vagin, j'ai l'impression d'être enceinte de Pikachu.

Les valises sont prêtes, le seul truc qui me manque, c'est les contractions. Ah. Parlons-en. La question que je me pose en permanence, c'est : « Est-ce que c'est une contraction, ça ? » C'est tellement difficile d'avoir la réponse. Et si ça se trouve, je vais commencer le travail sans m'en rendre compte parce que j'aurai pas reconnu les contractions ?! (Va vraiment falloir que je me calme.)

J'ai en (douloureux) souvenir les contractions de ma fausse couche. Je me dis que je devrais m'en servir comme repère, mais en même temps j'ai peur de les ressentir et que mon cerveau en conclue que quelque chose se passe mal...

J'ai hâte et en même temps j'ai peur, je ne peux pas m'empêcher de faire des parallèles avec l'été dernier mais ça doit être normal. Je réalise qu'à part deux mois de pause, ça fait un an que je suis enceinte. Je repense à tout ça, à ce long périple qui m'aura tant fait changer, évoluer, et qui touche maintenant à sa fin. En un an, j'aurai tout vécu. C'est fou. En attendant, je passe mes journées à attendre, attendre, et attendre encore.

En termes d'activités, vu ma mobilité, je vous cache pas que je suis devenue pas mal incollable sur les plateformes type Netflix, Prime Video ou Disney +.

Les séries à regarder (en choisir de préférence une qui a déjà plein de saisons dispos) :
- *Friends*
- *Homeland*
- *Stranger Things* (à regarder en boucle, c'est ma préf')
- *The Boys*
- *Peaky Blinders*
- *Umbrella Academy*

Se refaire des sagas :
- Mater tous les Marvel
- Les *Harry Potter*
- Les *X-Men*
- *Le Seigneur des anneaux*

En termes d'activités extrascolaires :
- Marcher (en plus, ça peut activer le travail)
- Faire du ballon de grossesse (ça aussi)
- Faire de la peinture

# 43. La fausse alerte

**26 juin, je cherche un film à regarder dans le lit avant qu'on s'endorme.** *Flight Plan*, j'adore Jodie Foster. C'est l'histoire d'une nana qui perd son mari et qui se rend à Londres où se trouve le corps du défunt pour ramener son cercueil. Elle est accompagnée de sa petite fille. Pendant le vol, sa fille disparaît, elle panique et le signale, mais l'équipage à bord lui assure qu'ils n'ont jamais vu de petite fille et qu'elle a embarqué seule. L'existence de la petite fille est remise en question.

C'est fou comme je ne regarde plus de la même manière les films mettant en scène des enfants. Je n'étais pas insensible à ça avant, mais ça ne me touchait pas de la même façon. Avant, je me projetais sur l'enfant, surtout quand le gosse en question présentait une différence ou se sentait exclu. Aujourd'hui, c'est aux parents que je m'identifie et ça change tout. Je me mets à la place de cette maman à qui on enlève son statut de mère, ou encore de ce parent qui se bat pour récupérer son enfant kidnappé. Ça y est, je ne suis plus l'enfant dans les films, mais bien la mère qui ferait tout pour lui.

Je suis donc devant ce fameux film quand soudain, de la chaleur dans ma culotte... Tiens, c'est quoi ça ? Je regarde, j'ai la culotte mouillée. Pas assez pour reproduire la scène de Charlotte dans *Sex and the City*, mais suffisamment pour me dire qu'il y a quelque chose d'inhabituel. Et si j'avais fissuré la poche des eaux ? Ça voudrait dire que c'est le moment ! *OH MY GOD*, est-ce que c'est le jour J ???

Je change deux fois de culotte, elles sont mouillées en quelques instants, je préviens Dao qui se met en ébullition d'un coup. Tu l'auras compris, on a des personnalités bien distinctes et opposées : je suis toujours un peu anxieuse et Dao est très zen. Mais ce moment-là est à marquer d'une pierre blanche. Je suis très calme, sereine, je me dirige vers la salle de bain, et je me fais stopper net par l'homme censé être le plus détendu de France. Il ressemble à un élastique à cheveux trop tiré et me demande ce que je fais. « Bah... Je vais me laver les cheveux. » Qu'est-ce que j'ai pas dit ? Je me retrouve à me faire engueuler de vouloir faire ce shampoing imprévu. Je vois qu'il stresse, j'insiste pas, tant pis, j'aurai les cheveux gras pour la naissance de mon fils. Fais chier. J'enfile un jogging, on appelle mon père pour qu'il vienne garder les chiens, je leur fais des câlins, ne sachant pas si je serai de retour ce soir ou non. Peut-être que je suis enfin en train de vivre LA soirée qui va changer toute ma vie ? Je réalise pas trop encore, et la peur de la fausse alerte me force à pas trop m'emballer.

Coussin de grossesse sur les épaules, sac de salle de naissance, valise maternité, sac à dos avec Ipad rempli de films, livres, etc. On est partis. J'ai aucune contraction, aucune douleur, je suis calme et j'imagine ce qui pourrait bien se passer.

On arrive à la maternité sûrs de nous, mais les sages-femmes sont un peu moins convaincues... On passe en salle de consultation, je me fous à poil et c'est parti pour l'examen. Après auscultation, c'est la déception, le col est à 1 cm et toujours long... Traduction pour les novices comme moi : c'est pas pour tout de suite. Mais alors d'où vient ce liquide que j'ai pris pour une fissure de la poche ? Sûrement des pertes, nous répond la sage-femme. Et bon appétit ! Pour le glamour, on repassera. Elle me pose le monito pour surveiller tout de même les contractions. Quand elle sort de la pièce, on explose de rire en se disant qu'on a encore une anecdote à raconter.

On reste aux urgences trente minutes, on regrette d'avoir réveillé mon père en pleine nuit pour rien... Et dire qu'il est persuadé que je vais accoucher dans la nuit... LOL. On rentre donc bredouilles, mais c'est une bonne répétition générale, et dans la voiture je réalise que la prochaine fois, ça sera la bonne.

# 44.
# Je pense que j'accoucherai jamais en fait

**Impensable. Toute ma grossesse, on m'a dit de rester au calme, tranquille, avec mon utérus qui contracte tout le temps.** Tous les soignants avaient peur d'une naissance prématurée. Je vois les heures, les jours, les semaines défiler, le terme se rapproche et rien ne se passe. Ce petit bout est en train de faire taire toutes les mauvaises langues.

J'ai mal partout, j'arrive pratiquement plus à marcher avec ces satanés coups de jus dans le pubis qui me paralysent, je guette chaque signe qui annoncerait l'accouchement, et je me demande pourquoi il ne sort pas. Je sais bien qu'il y a une question physique, mais est-ce qu'il y en a aussi une plus psychologique, plus irrationnelle ? Si ça se trouve, bébé veut pas sortir parce qu'il est mieux avec moi et qu'il a pas envie de quitter sa maman. Cette idée, ça me met les larmes aux yeux. Finalement, le fait que bébé reste bien au chaud à l'intérieur du bidon de maman, c'est la plus belle preuve d'amour qu'il pouvait me faire.

Je suis pleine de paradoxes. J'ai terriblement hâte de le voir, de découvrir son visage, son petit nez, sa petite bouche, ses petites mains, mais en même temps, une fois sorti, il ne sera plus qu'à moi. Je vais devoir le partager, le laisser à d'autres bras, d'autres bisous et d'autres soutiens. C'est fou cette peur que j'ai qu'on m'enlève mon fils. La grossesse a été difficile et pourtant, à quelques jours de la fin, je suis terrorisée, je veux garder rien que pour moi mon bébé, mon fils. Ma plus grosse crainte était de ne pas réussir à créer le lien parent/enfant et me voilà déjà ultra fusionnelle alors que sa joue n'est même pas encore collée contre la mienne.

On dit partout qu'à l'approche du grand jour, les femmes reprennent du tonus d'un coup, elles nettoient toute la maison, font les carreaux, des squats… Que nenni chez moi. À quelques jours de l'accouchement, je suis claquée, avec des douleurs à des endroits improbables, et je me lève plus du canapé.

Mes hormones me jouent des tours et moralement, je ne suis pas bien. J'ai envie de parler à personne, de voir personne, j'ai envie de rester là avec mon gros bidon à attendre, attendre l'inconnu.

J'ai des pics d'angoisse difficiles à gérer, avec des envies subites que le travail démarre tout de suite et qu'on puisse enfin aller à la maternité. Je ressens presque de la colère, à ne pas comprendre pourquoi rien ne se passe. Je ne dors pas depuis deux semaines, la fatigue commence à me taper sur le système, et je deviens plus sensible, plus irritable.

Je panique : si je suis crevée maintenant, comment je vais faire pour trouver la force de pousser, d'accoucher?

Et l'instant d'après, tout change. Je me sens en phase avec bébé et je suis OK avec lui : et si on restait tous les deux comme ça pour toute la vie? Qu'est-ce qui compte plus que d'être ensemble de toute manière?

L'insomnie est devenue ma meilleure amie, alors en plus du temps libre le jour, j'en ai aussi la nuit. Du coup, je lis des publications, des témoignages d'accouchement... GROSSE erreur.

Depuis le début, la césarienne, ça me chauffe pas du tout. C'est pas l'intervention qui me fait peur, mais la séparation avec bébé dès sa sortie. J'ai porté mon fils neuf mois, il est hors de question que dès son premier cri, on me le retire, et que je ne le retrouve que quelques heures plus tard. Or, comme on m'a sympathiquement expliqué que mon bébé était plutôt costaud, j'ai peur. Je veux rester collée à lui pour toujours.

Deuxième hypothèse à envisager, vu que le terme approche : le déclenchement. Même en l'écrivant, j'arrive pas à réaliser que ça pourrait me concerner, moi qui étais persuadée d'accoucher à 37 semaines. Ne connaissant absolument rien sur le sujet, j'ai cherché des témoignages sur Internet : deuxième GROSSE erreur. Je découvre de nouveaux mots comme « ballonnet », « tampon », « décollement des membranes », « ocytocine »... Ouais... Rien de sexy. Selon pas mal de discours, ces accouchements déclenchés sont souvent plus longs, plus douloureux. Alors devine quoi? Je panique.

Tu vas me dire : « Mais Emy, pourquoi t'as pas essayé de déclencher les choses toute seule à la maison? » Mais qu'est-ce que tu crois, Simone? À partir de la 37e semaine, j'ai bravé la fatigue pour laver les carreaux, marcher, j'ai roulé sur des pavés, pris des dos d'âne, j'ai mis Dao à contribution avec la fameuse méthode italienne (bon celle-là, j'avoue, c'est la plus cool), j'ai pris des bains chauds, bu de la tisane de feuille de framboisier, Dao m'a fait des massages du périnée TOUS LES PUTAINS DE SOIR (oui, c'est mon mec qui me massait le périnée, on a le conjoint qu'on mérite) et RIEN. Le néant, pas l'ombre d'une fuite, d'une contraction ou d'autre chose. Je passe mes journées couchée ou assise sur mon ballon, à me demander si ce que je ressens est une contraction ou pas.

On est presque au jour du terme, plus je lis des choses sur le déclenchement, plus j'ai peur, je dois tout faire pour accoucher avant.

« Je me sens en phase avec bébé : et si on restait tous les deux comme ça pour toute la vie ? »

# 45. On vous garde

**7 juillet, jour du terme. Putain…** Je l'avais dit qu'il ne sortirait jamais ! Ces derniers jours, je fais des allers-retours à la maternité pour faire ce qu'on appelle une « exploration fonctionnelle ». En gros, comme j'ai toujours pas pondu, on s'assure que bébé va bien, on fait un monitoring pour vérifier si j'ai des contractions et si le petit les supporte, et une échographie pour être sûrs qu'il y a assez de liquide amniotique. Les deux derniers rendez-vous, je suis rentrée chez moi avec pour consigne d'être « alerte » sur les signes.

Il est 9 heures, on a rendez-vous à 9 h 30 pour ces examens. La valise est dans la voiture depuis maintenant deux semaines « au cas où ». Je fous mon jogging, persuadée qu'on va encore me renvoyer à la maison. J'ai pas de douleur de contraction, pas perdu de liquide, j'ai bien l'impression que c'est encore pas pour aujourd'hui. Je fais quand même un bisou aux chiens, toujours « au cas où », j'enfile ma veste *Stranger Things* préférée, mes baskets, et c'est parti.

Dans la salle d'attente, je suis un peu vidée. Je me sens crevée depuis ce matin, en plus je déteste les explorations fonctionnelles parce que je suis toute seule, Dao doit attendre dehors. Ça m'angoisse.

10 h 30. Après une heure de retard, la sage-femme s'excuse et c'est mon tour. Je m'installe, elle me fait remarquer que j'ai l'air plus fatiguée que les dernières fois et me demande si bébé bouge bien. Je le sens moins depuis deux ou trois jours. Elle prend note et me laisse avec le monitoring sur le ventre. C'est censé durer une demi-heure alors au bout d'une heure, je commence à avoir un pressentiment.

Quand elle revient, elle me dit qu'il y a des contractions (ah bon ?). Elle me rappelle qu'elle me trouve fatiguée, que bébé bouge moins depuis deux jours, qu'on est le jour du terme. Elle parle d'un déclenchement, puis elle conclut par cette phrase : « On va vous garder. » Oh la vache. Sérieux ?! Je m'attendais pas à ça, j'étais persuadée que j'allais rentrer chez moi. Mon Dieu, ça y est, c'est le moment. Est-ce que je suis prête ? Panique à bord.

Il faut que je remette mes idées au clair, dans ma tête ça fuse, l'excitation mélangée à l'angoisse. J'envoie un petit texto simple et concis à Dao qui est en salle d'attente : « On ne rentre pas à la maison. » J'aurais adoré voir sa tête en le lisant. On avait rendez-vous dimanche, soit trois jours après, pour un déclenchement, et on n'imaginait pas que quelque chose se passerait avant.

Je n'en reviens pas. Je vais enfin rencontrer mon bébé. Je suis aussi impatiente que flippée. Le déclenchement, c'est ce que je redoutais ces derniers temps. J'ai ce sentiment étrange qu'on fout mon bébé dehors. J'ai pas eu une grossesse super facile mais finalement, peut-être qu'on était bien comme ça, et que ni lui ni moi n'avons envie de vivre dans deux corps différents. J'ai peur. J'ai peur de l'accouchement, mon bébé va devoir sortir de moi, il est pas tout maigre et j'espère que mon corps va tenir. J'ai peur de finir en césarienne. J'ai peur de pas assurer, j'ai peur d'avoir mal. Bref, je suis pleine d'angoisses.

Mais vous savez quoi ? Quand faut y aller, faut y aller, et malgré la peur, quelque chose d'encore plus fort crie en moi : l'amour.

OK, bébé, je suis prête, allons-y.

# 46. Le déclenchement

**J'explique à la sage-femme que j'ai plein d'inquiétudes concernant le déclenchement.** J'ai lu bien trop d'articles et de témoignages qui m'ont pas du tout (du tout) mise en confiance. Je lui demande quelle est la façon la plus naturelle de déclencher le travail. Y a-t-il plusieurs méthodes ? Ai-je le choix ?

Elle me propose dans un premier temps de faire un décollement des membranes. L'acte est aussi sexy que son nom, comme tu peux l'imaginer. Ni une ni deux, je me retrouve sans culotte, jambes écartées, la sage-femme à l'autre bout de la table d'auscultation. Elle me prévient que c'est pas hyper agréable, me demande si je suis prête, et me dit de lui faire signe quand elle peut y aller.

Petite parenthèse, mais ce que je trouve hyper positif dans ce milieu médical, c'est qu'en termes de consentement, on est au niveau cinq étoiles. À chaque fois qu'un soignant doit m'examiner, il me demande si je suis prête, me prévient. C'est (peut-être) un détail (pour vous) mais je trouve ça vraiment très appréciable. Le plus triste, c'est finalement que je trouve ça appréciable. Ça prouve que la plupart du temps, on ne nous demande pas notre autorisation, et c'est grave.

Fin de la parenthèse et retour au décollement des membranes. Ce que c'est? Comment t'expliquer sans te brusquer... En gros, la sage-femme insère ses petits doigts entre la poche des eaux et ton utérus, et elle décolle délicatement les membranes entre les deux. Je vais pas te mentir, c'est dans le top 10 des moments les plus douloureux de ma vie. C'est rapide, alors faut serrer les dents et espérer que ça marche. Mais putain, qu'est-ce que ça fait mal.

Après cette intervention, je retrouve mon mec qui m'attend patiemment dans la salle d'attente, et sur les conseils de la sage-femme, on part marcher une heure pour essayer de déclencher le travail. Elle nous a aussi conseillé de manger, puisque d'après elle, je vais partir pour un long périple sans manger jusqu'à la livraison du colis (la naissance, quoi).

On marche donc dans le parc de l'hôpital pendant une bonne heure, on mange un sandwich pas terrible et je commence à ressentir le début du travail. De bonnes vieilles contractions comme on les aime... Oh la vache. (Sache que les prochains chapitres sont remplis de douleurs, si tu es sensible, je te conseille de les passer.)

Qu'est-ce que ça fait mal, putain! Je fais trois pas, contraction, je m'arrête de marcher trente secondes, je me concentre, je redémarre et ça recommence.

13 heures. Nous partons pour les urgences obstétriques (là où on accouche), afin de passer à la seconde phase du déclenchement. Nous dépassons les salles d'auscultation,

passons deux grosses portes battantes pour aller dans la partie tant attendue par les femmes enceintes en fin de grossesse : les salles d'accouchement. J'ai l'impression d'avoir reçu un Oscar.

Nous faisons la connaissance d'Anna, la première sage-femme qui nous accompagnera dans cette aventure. Après m'avoir examinée suite au décollement, elle m'annonce que rien n'a bougé. Comment ça? Ça fait une heure que j'ai des contractions de l'espace, que je peux pas marcher, et rien ne s'est passé là-dessous? Misère… Je sens que ça va être long.

Je ne savais même pas qu'on pouvait avoir des contractions douloureuses mais non efficaces. Ça c'est tout moi, faut jamais que je fasse comme tout le monde. Je suis donc toujours à 1 cm, avec un col long. Autrement dit : j'accoucherai dans sept ans.

La seconde phase du déclenchement consiste à me poser un ballonnet. Un quoi? À cette annonce, Dao et moi, on se sent comme des explorateurs en terre inconnue, en pleine fouille archéologique. Pour faire simple, un ballonnet, c'est un tuyau avec deux petits ballons que l'on te glisse dans le vagin. La sage-femme va ensuite (beaucoup) gonfler les deux ballons, afin de créer une pression sur le col, qui permet de l'ouvrir et de démarrer le travail.

À ce moment-là, c'est la fête foraine dans mon utérus. Le ballonnet est inséré, elle commence à gonfler le machin et là, il faut être un peu solide. J'accepte qu'elle les gonfle jusqu'au bout, pour augmenter les chances d'efficacité : il est hors de question que cette seconde étape de déclenchement ne serve à rien.

Une fois gonflé, le tube qui ressort entre mes jambes est collé le long de ma cuisse. Je reste allongée, le temps de reprendre mes esprits, et je commence à ressentir le bonheur des contractions encore plus fortes. On ne ressent pas toutes les douleurs de la même façon, et elles ne sont pas pour toutes au même endroit. Moi, c'est dans le bas du dos. Et d'après la légende, ce sont les pires. Nickel. Comment te dire que je passe un savoureux moment.

Anna m'explique que le ballonnet peut tenir entre douze et vingt-quatre heures, mais que si le col s'ouvre, il tombera de lui-même. D'après elle, ça devrait aller vite me concernant. Je reprends un peu espoir. On va m'installer dans une chambre, et si dans trente minutes la douleur ne s'est pas calmée, on redescendra pour avoir un médoc magique antidouleur. Pour l'instant, j'ai clairement l'impression qu'on me met des coups de barre de fer dans le bas du dos. En même temps je suis surexcitée : je vis mes dernières heures avant de rencontrer mon fils, et je suis terriblement impatiente.

On nous installe dans la chambre que l'on occupera pendant notre séjour à la maternité. C'est joli, c'est vert, j'adore le vert. Au bout de trente minutes, j'arrive même plus à marcher ni à parler tellement je souffre, Dao me fout dans un fauteuil roulant et on retourne aux urgences pour le fameux médoc magique. Je me retrouve avec un shoot d'Atarax® et d'antidouleur. Après l'injection, je m'endors comme une masse, mais je continue à ressentir la douleur (et merde). Je suis tellement shootée et crevée que je n'ai même plus la force de dire que j'ai mal. Après une heure de sommeil plutôt médiocre, Dao me remonte dans la chambre, et on part pour l'une des nuits les plus longues de notre vie de couple.

Les contractions ne font que s'intensifier, et moi je dois tenir le coup. J'essaye de respirer, de penser à autre chose.

J'ai bon espoir que le ballonnet tombe tout seul dans la nuit et qu'on puisse repartir en salle d'accouchement. Mais malheureusement, quand le soleil se lève, le ballonnet n'a pas bougé d'un poil. Fait chier. Cette nuit-là est la pire que j'ai vécue, pour deux raisons. La première, évidemment, c'est la douleur. Et la deuxième, c'est le souvenir de ma fausse couche. J'ai tellement mal que parfois, j'ai l'impression d'être revenue un an en arrière et j'ai peur, peur de ce qui pourrait se passer. La douleur psychologique ressentie pendant cette nuit, je ne l'oublierai jamais. Elle m'a permis de faire mon deuil, le vrai deuil. Cette fois, les douleurs que je ressens sont pour la bonne cause, et cette fois, la fin sera heureuse.

# 47. Mon corps ne marche pas

**À 8 heures du matin, le vendredi, nous recevons un appel des urgences pour entamer la troisième phase du déclenchement, oui, messieurs-dames, une troisième méthode.**

Je ressemble au monstre de Frankenstein quand j'arrive aux urgences. On fait la rencontre de la nouvelle sage-femme qui nous accompagnera aujourd'hui et qui m'accouchera. Elle s'appelle Fanny, elle est douce et gentille, tout comme j'aime. En m'installant, elle me demande comment je me sens. Je lui réponds que j'ai connu des jours meilleurs, mais que je suis très heureuse d'être là, et que la prochaine fois que je sortirai de cette pièce, j'aurai mon bébé dans les bras. Elle me demande si je souhaite une péridurale, question à laquelle je réponds par l'affirmative avec beaucoup de points d'exclamation. Elle m'annonce alors qu'on peut me la poser dès maintenant : miracle! J'y croyais pas une seconde, je pensais qu'il fallait attendre d'être ouverte au moins à six ou sept centimètres, mais non : elle m'explique que c'est tout à fait possible, et que vu que je suis là depuis déjà pratiquement vingt-quatre heures, j'ai le droit à la potion magique qui m'aidera à me reposer avant le moment fatidique. Vingt-quatre heures que je suis là, vingt-quatre heures que j'en chie, quel bonheur.

Ma salle d'accouchement, c'est la numéro 6. Elle est rose et toute petite, c'est bien, c'est cosy. J'enlève mon jogging et j'enfile ma super chemise d'hôpital ouverte dans le dos. C'est dingue, en faisant ma valise de maternité, j'arrêtais pas de me dire que je voulais pas d'une chemise d'hôpital qui se ferme à l'arrière et qui laisse les fesses à la vue du monde. Mais là, le cadavre que je suis n'en a plus rien à carrer.

Charlotte sur la tête, tubes branchés partout, masque sur le nez, j'attends l'anesthésiste. La sage-femme a la délicatesse de me proposer d'attendre que la péridurale soit posée pour m'examiner et m'enlever le ballonnet. L'équipe entre dans la chambre et fait sortir Dao. C'est parti. J'avais un peu peur de la péri, mais la bonne nouvelle, c'est qu'avant de te faire LA piqûre, on te fait une petite anesthésie locale pour ne pas la sentir. Parfait.

L'anesthésiste me pique une première fois, mais malheureusement, c'est raté. Il faut repiquer. Ne me demande pas pourquoi, après une nuit blanche, je comprends plus vraiment ce qu'on me dit, mais la deuxième fois est la bonne. On me pose la perf et bam, c'est fait. La douleur va s'en aller : HALLELUJAH.

On m'installe dans une position que je dois tenir trente minutes pour que le produit se diffuse partout. Fanny en profite pour m'examiner et voir si le ballonnet a été efficace. *Spoiler alert* : le ballonnet étant toujours en place, je comprends que j'en ai encore chié pour rien... Elle confirme. Elle dégonfle le ballonnet, le retire, et verdict : je suis à deux centimètres. DEUX PUTAINS DE CENTIMÈTRES. Mais c'est quoi son problème, à mon corps ? On me les a brisées toute la grossesse en me disant de pas forcer pour pas accoucher prématurément, et maintenant que je dois accoucher, y a plus rien qui marche : *WTF* ?

Deux centimètres, c'est vraiment le tout début du travail, mais la bonne nouvelle, c'est que c'est suffisant pour percer la poche des eaux manuellement. Vraiment, mon corps n'aura rien fait de lui-même. Fanny perce la poche et mon utérus se vide, transformant la salle d'accouchement en piscine. C'est fou tout le liquide qu'il y a là-dedans, j'ai dû perdre 15 kilos au moins.

Vu que mon corps a décidé d'être en grève et de garder mon bébé à l'intérieur, on passe à la quatrième méthode de déclenchement : la perfusion d'ocytocine. L'ocytocine, c'est l'hormone que ton corps est censé fabriquer tout seul pour déclencher les contractions. On m'injecte le produit à petites doses pour démarrer, et on augmente petit à petit jusqu'à ce que mon métabolisme se débrouille seul. En gros, c'est comme pousser une voiture qui a du mal à démarrer.

Au bout de quinze minutes, je sens la péridurale faire effet : LE PUTAIN DE KIF. C'est extraordinaire. Je n'ai plus aucune douleur, mes jambes sont engourdies, je sens un bien-être incroyable. Ça fait vingt-quatre heures que mon corps hurle à la mort et, d'un coup, c'est le silence. La sérénité. Je suis paisible, je décide de me reposer et je m'endors enfin. La journée du vendredi, je ne fais que me réveiller, m'endormir, me réveiller, m'endormir.

« Mon corps a décidé
d'être en grève
et de garder mon
bébé à l'intérieur. »

À cause de la péri, je n'ai plus vraiment le droit de bouger alors je découvre la joie de la sonde urinaire, quel bonheur. J'ai l'impression d'avoir laissé à la porte toute trace de gêne ou de pudeur. Dans cette pièce, mon corps est un outil de livraison et je l'accepte pleinement.

À chaque réveil, la sage-femme vient vérifier où j'en suis et constate que le travail est très long. Trop long. En gros, je ne gagne qu'un centimètre toutes les quatre heures. Il reste du chemin avant l'ouverture à dix ! Pour la santé de bébé, elle est obligée de couper l'ocytocine, on ne peut pas la diffuser en continu. Malheureusement, dès que le produit ne circule plus dans mon corps, celui-ci se remet en grève. Mon utérus refuse de travailler, je comprends que je vais devoir être accompagnée jusqu'au bout. Je mentirais si je disais que ça ne m'a pas dérangée. J'étais comme déçue de ne rien réussir à faire par moi-même. Tout a été provoqué artificiellement. J'ai l'impression d'être nulle en accouchement et de ne pas être à la hauteur. Comment j'aurais fait sans la médecine ? Est-ce que bébé serait resté à l'intérieur pour toujours ?

Les sages-femmes font des gardes de 7 h à 19 h. Quand on se rend compte qu'à 18 h, je suis toujours à cinq centimètres, on doit se rendre à l'évidence : ce ne sera pas Fanny qui m'accouchera. Nous faisons donc la connaissance de Jocelyne.

L'effet de la péridurale commence à s'estomper en début de soirée. La sage-femme me remet un shoot, mais je commence à comprendre que le petit répit de ma journée est terminé, et que cette nouvelle nuit va être costaude.

# 48.
# L'accouchement le plus long du monde

**Le côté droit de mon corps est totalement mort, je ne sens plus rien du tout.** Ma jambe est si lourde qu'on doit me la porter pour la bouger quand je veux changer de position. Mais mon côté gauche… Ce fameux côté gauche commence à tout ressentir.

La péridurale s'est latéralisée, ma phobie. Après des heures de répit sans douleur, quand le moment de pousser approche, la péri commence à m'abandonner. Et la panique, elle, ne fait que monter.

Il faut dire que mon corps commence à fatiguer. Nous sommes dans la nuit de vendredi à samedi, et tout a commencé jeudi matin. Même si la péri me fait croire que tout va bien, mon corps, lui, encaisse les contractions sans se plaindre. Finalement, la dure réalité me rattrape : je réintègre mon corps pour affronter avec lui la plus grande et la plus belle épreuve de ma vie.

La nuit est longue, interminable même. J'ai l'impression qu'il n'y a pas de fin à ce voyage. Je commence à être terriblement épuisée et je m'inquiète : on m'a toujours dit que le moment de la poussée demandait un effort surhumain, comment vais-je avoir la force de pousser si je suis crevée maintenant ?

J'ai froid, puis chaud, puis froid, puis chaud. Le temps qui passe m'inquiète. Je sais bien qu'ils ne me laisseront pas comme ça indéfiniment, et j'ai peur que l'on me parle de la césarienne. Il est hors de question d'avoir fait tout ça pour finir au bloc opératoire. Je vais y arriver.

Au milieu de la nuit, je commence à vraiment fatiguer, et puis il y a un autre problème, répandu pendant la grossesse : la fameuse constipation. Je réalise que je ne suis pas allée aux toilettes depuis plusieurs jours... Une autre phobie, celle de faire caca sur mon bébé au moment de pousser, refait surface : non, pitié. Déjà que je suis au ras des pâquerettes et que mon tableau d'accouchement est bien chargé, je veux pas rajouter ce trophée.

Au petit matin, quand bébé commence à descendre, je ressens une douleur inédite. J'ai l'impression qu'on m'écartèle. Mon Dieu, mais qu'est-ce que c'est que cette chose ? C'est dur à supporter, d'autant plus que je suis allongée sur le côté gauche depuis des heures pour permettre à la péridurale de se diffuser (sans succès). J'ai l'impression de m'ouvrir en deux et la très désagréable sensation qu'il faut que j'aille aux toilettes, mais la sage-femme m'explique que c'est normal : on nous

« La nuit est longue,
interminable même.
J'ai l'impression
qu'il n'y a pas de fin
à ce voyage. »

parle toujours des contractions, mais jamais de cette chose qui a été le plus dur à gérer pour moi : la pression dans le bassin.

À ce moment-là, j'avoue, je commence à craquer nerveusement et quelques larmes coulent. C'est dur, c'est vraiment dur.

J'ai l'impression que je vis un chemin de croix, et que tout ceci a un but précis : faire naître mon bébé évidemment, mais aussi accoucher de toutes mes souffrances passées pour démarrer cette nouvelle vie. Comme toute grande victoire, la bataille se doit d'être terrible et elle l'est.

Je ne sais plus quelle heure il est quand la sage-femme vient m'ausculter et m'annonce que je suis entre 8 et 9 cm. J'approche de la victoire. Mais mon corps me rappelle à l'ordre et je commence à trembler très fort, je suis secouée de convulsions qui rendent tout mon côté droit difficile à gérer. Mes dents claquent. Mon corps me lâche, ça y est.

Je tente de rassurer Dao et la sage-femme en essayant de faire croire que tout va bien, mais je vois bien dans leurs yeux qu'ils ne me croient pas. C'est dingue comme je ne maîtrise plus rien. Jocelyne commence à me préparer mentalement à une potentielle césarienne si le travail ne s'accélère pas. Elle m'injecte des antibiotiques pour réduire les risques d'infection pour le bébé car la poche des eaux a été percée il y a trop longtemps. Quand elle quitte la pièce, je me résous à dire à mon mec que si c'est pour le bien du bébé, j'accepte la césarienne, mais je lui fais promettre de me l'amener au plus vite dans la salle de réveil. J'y crois pas, je souffre plus de quarante heures pour finir en césarienne…

Je crois que c'est à ce moment précis que je lâche prise. Je commence aussi un peu à dérailler : avec la douleur que je ressens dans le bassin, les fesses, les cuisses, j'ai peur de mourir en couches. Alors pour moi, la seule chose à faire, c'est de «sauver» mon bébé. Je pense qu'à partir de ce moment-là, c'est mon instinct de survie qui prend le relais.

6 h 40. Jocelyne finit sa garde et vient nous dire au revoir. Elle non plus, finalement, ne m'accouchera pas, je suis à bout de forces. Elle nous annonce que je suis à 10 cm. ENFIN ! Je suis soulagée, ça y est, je vais pouvoir donner naissance à mon fils. Alors que je n'écoute pas, elle explique à Dao que le petit commence seulement sa descente dans le bassin, et qu'il peut se passer encore six heures jusqu'à la poussée. Dao se décompose et choisit de me protéger. Il sait que je suis pas loin de sombrer, alors ce n'est qu'après qu'il me racontera cette anecdote. Au lieu de ça, il m'assure que ça y est, ça va aller, on va y arriver.

J'ai envie de pousser, c'est terrible, mais il ne faut pas. Si je pousse trop tôt, je vais fatiguer bébé et c'est mauvais. Alors même si l'envie est intense, je dois me retenir. Que c'est dur de faire le contraire de ce que ton corps te dicte !

Je ferme les yeux peut-être cinq minutes pour reprendre des forces, et une sensation me réveille tout de suite.

# 49. Pousse une dernière fois mon amour

**Je passe ma main sur mon entrejambe et je sens quelque chose d'énorme à l'entrée de mon vagin.** Putain, c'est la tête, il est là.

Je hurle à Dao que je sens la tête, et je lui demande d'aller chercher la sage-femme mais Jocelyne est partie, et on ne sait même pas qui est notre nouvelle soignante. Il me demande où est la télécommande pour appeler à l'aide, mais je lui hurle d'aller directement au bureau des sages-femmes. Je ne sais plus quelle heure il est, je ne sais plus quel jour on est. Je suis à la fin du chemin, je dois me concentrer, c'est maintenant que mon fils a besoin de moi. Je dois tout donner.

Ce moment est un peu flou, j'ai l'impression qu'il se passe une heure et demie alors que Dao m'assure que tout s'est déroulé en dix minutes, peut-être quinze au plus. Je me souviens avoir fermé les yeux pour me concentrer au maximum. Je me souviens aussi avoir pensé à nouveau que j'allais sûrement mourir, mais que le seul but était de sortir mon fils, et qu'il soit en bonne santé.

Il faut que je t'explique que lorsque je suis née, tout le monde a failli y passer. J'étais un bébé de 3,95 kilos avec une tête énorme, et je suis restée bloquée un peu trop longtemps. Le médecin a dû utiliser les forceps, et n'était pas sûr que je survive. J'ai donc depuis toujours cette crainte en moi, et à ce moment précis, j'ai l'impression que le schéma se répète. Mon fils est un gros bébé comme moi, son accouchement est difficile comme le mien... Mais cette fois, ça se passera bien. En tout cas, c'est tout ce que j'espère.

La sage-femme s'appelle Clémence et je me souviendrai d'elle toute ma vie. Sa voix est douce. J'aime les gens doux. Il y a une seconde voix dans la pièce : Kelly, aide-soignante, je crois. Je ne saisis pas tout et je n'arrive pas à ouvrir les yeux, je dois pas me déconcentrer.

Clémence arrive détendue et me demande si c'est une fille ou un garçon. Mais à ce moment-là, je suis un animal, et comme dans une comédie américaine, je lui réponds gentiment, je cite : « On s'en bat les couilles, il est en train de sortir là. » Elle regarde sous le drap et change de visage. On avait dû l'informer que j'étais là depuis 2016 et que j'allais sûrement accoucher en 2065, elle pensait donc qu'elle avait le temps de voir venir. Mais en soulevant le drap, elle voit la tête, son expression change d'un coup, et en deux temps, trois mouvements, tout est installé pour que je puisse pousser. En reprenant un peu mes esprits avant de pousser, je m'excuse d'avoir été vulgaire, et j'ai vraiment la sensation d'être la caricature de Katherine Heigl dans *Bébé mode d'emploi*.

Je dois pousser dès que j'ai une contraction. Je ne suis plus que spasmes et crispations. J'oublie même de respirer tellement c'est intense. Je pousse une première fois, Clémence me félicite, visiblement je fais ça bien. Je dois obéir au doigt et à l'œil, je déconnecte mon cerveau. Je n'ai qu'un but, le sortir. Je dois rompre le sortilège de ma naissance et casser la boucle. Le haut de sa tête sort et rentre à nouveau.

Deuxième poussée. La sage-femme me guide, Dao répète ce qu'elle dit, je m'exécute. J'agis mécaniquement. Je suis à bout de forces mais je dois le faire. C'est dur, je ne sais pas si ce que je fais est efficace, je ne sais pas où en est le bébé, je dois pas y penser, je dois juste continuer à pousser. Je fais une longue poussée, je sens une brûlure au niveau de mon vagin. Je dois arrêter de pousser, Clémence applique un produit sur la tête de mon bébé pour l'aider à passer.

Troisième poussée. Je pousse longtemps, très longtemps. Dao me coache comme un entraîneur en vue de la Coupe du monde. Je n'entends presque plus rien. Je sens mon corps se déchirer. La tête est sortie, j'ai l'impression que je vais m'effondrer. Je n'ai plus de forces. Clémence me dit qu'il faut une toute dernière poussée pour sortir les épaules, une très forte poussée. Je ne sais plus si cela fait deux minutes ou six heures que je pousse, je ne sais pas comment je tiens encore. Pas le temps de réfléchir, on m'explique qu'on ne doit pas attendre la prochaine contraction, il faut sortir bébé. MAINTENANT. Je ne vais pas y arriver, je suis à bout.

Clémence me dit alors cette phrase qui va tout déclencher : « Il est juste là, votre bébé, j'ai pas envie d'être obligée de vous aider avec des instruments, allez Emy, on y va. » Non, il ne sortira pas avec des forceps, il n'aura pas ma vie, c'est là, tout de suite, qu'il faut que je brise le sortilège, c'est maintenant que j'accouche de lui mais que j'accouche aussi de moi, c'est maintenant que je dis adieu au passé.

« Je sais que c'est surhumain ce que je te demande, mais pousse une dernière fois, mon amour, à trois. 1... 2... 3. » Je pousse, je ferais n'importe quoi pour toi, mon fils, je pousse, je t'aime déjà alors que je ne t'ai encore jamais vu, je pousse, je ferai tout pour que tu aies la vie dont tu rêves, je pousse, maman t'aime.

Je me souviendrai toujours de la sensation de son corps qui sort complètement du mien, et de la douleur qui s'arrête d'un coup. Comme si tout ça n'était qu'un rêve. Il est là. Je donnerais tout pour revivre cette seconde si précieuse où je te vois pour la première fois, et que l'on te pose sur ma poitrine.

Il est 7 h 28, nous sommes le 9 juillet 2022, et ma vie vient de commencer en même temps que la tienne.

# 50. Pourquoi il crie pas ?

**On m'avait dit beaucoup de choses sur ce moment, cet instant si important de la rencontre.** Après avoir passé neuf mois à l'imaginer, il était enfin là.

J'avais entendu pas mal de discours plutôt négatifs sur ces premiers moments de vie, juste après l'accouchement. Sur le lien entre la mère et l'enfant. Sur l'instinct maternel. J'avais notamment entendu des choses qui m'avaient un peu mise mal à l'aise : « Ne t'inquiète pas si tu ne l'aimes pas tout de suite », « Ne sois pas dure avec toi si le lien met un peu de temps à se mettre en place » ou encore « Tu vas sûrement le trouver moche à la naissance »… Ah, bah ça a l'air sympa.

Ces dernières années, nous avons beaucoup libéré la parole sur des sujets très tabous que le monde préférait ignorer. Les difficultés de la maternité ont été mises en avant. On a désacralisé le rôle de maman pour aider les femmes à aller mieux, à mieux vivre leur maternité, pour faire taire les critiques. (Merci la pression de la société sur les épaules des meufs.) Seulement, il y a eu aussi ce que je craignais : une surenchère. Aujourd'hui, tu ne peux pas passer à côté des millions de messages un peu anxiogènes sur la parentalité. Chaque article ou post Instagram que j'ai pu lire sur la maternité n'était que négativité. Dès que j'ouvrais Instagram, j'avais l'impression que la plupart des nanas regrettaient leur maternité, en souffraient beaucoup trop. Que tout n'était que douleur, fatigue ou déception, et ça m'a angoissée. Il n'y a donc aucune femme contente d'être maman? Avec tout ça, j'ai fini par redouter un peu la rencontre… Et si je l'aimais pas en le voyant? Et si je regrettais? Et si je faisais une dépression post-partum?

Eh bien, sans vous spoiler puisque je vais en parler dans les chapitres suivants, sachez qu'au moment où ce bébé sort de mon corps, malgré les neuf mois un peu douloureux et les quarante-six heures de travail, c'est évident à la seconde où je le vois : c'est mon fils, et je l'aime. Mon cœur explose d'amour. À l'instant où je le rencontre, il n'y a plus que lui qui compte. Sa naissance a été l'épreuve la plus dure de ma grossesse, et la peur de le perdre n'a fait que me conforter dans cette idée : mon fils est désormais le centre de mon monde.

Quand il sort de mon corps, la confrontation avec le monde extérieur est brutale, trop brutale. L'ouverture du col de l'utérus a pris des heures, mais la descente dans le bassin et la poussée se font très vite. Si bien que bébé a été surpris et, juste avant de naître, a bu la tasse, un peu trop. Quand il sort et qu'on me le pose sur moi, je l'entends crier, mais pas assez, pas comme j'avais imaginé. Je sens qu'il y a un problème. Si bien que ma première phrase en tant que maman est : « Pourquoi il crie pas ? »

Même les paroles rassurantes des sages-femmes qui le remuent dans tous les sens pour l'aider ne me rassurent pas. Je le sens, je le vois, il est en difficulté. Il n'arrive pas à respirer, sa couleur reste un peu trop violette.

Après l'avoir malaxé dans tous les sens, ils me le reprennent. Je ne l'ai senti contre moi qu'une minute ou deux à tout casser avant qu'il reparte dans les bras des soignantes. Malgré l'utilisation d'un petit tuyau pour essayer de le désencombrer, bébé est toujours en difficulté. Clémence me regarde et me dit qu'elle préfère le mettre sous assistance respiratoire pour l'aider un peu. Elle m'explique que c'est simplement par sécurité, et que tout va bien se passer. Je prends sur moi, je ne dois pas pleurer, ça ne peut pas mal se terminer, pas cette fois. J'acquiesce et je la regarde partir avec la prunelle de mes yeux.

Dao ne parle pas vraiment, il est angoissé lui aussi, on ne comprend pas ce qui nous arrive.

Pendant cette attente interminable où j'aurais dû sentir la chaleur de mon fils contre ma poitrine, je ne sens que le froid. Je sens aussi les mains d'une soignante qui m'appuient sur le ventre pour la délivrance.

La délivrance, en gros, c'est ton deuxième bébé. Une fois le petit sorti, c'est au tour du placenta de se faire la malle. Et pour ça, il faut (encore) pousser. Visiblement, j'ai de la chance, en une poussée mon placenta est sorti comme un grand en un seul morceau.

Pendant que mon cœur est toujours dans la pièce d'à côté, espérant que mon petit arrive à respirer tout seul, la

« Au moment
où ce bébé sort
de mon corps,
malgré les neuf mois
un peu douloureux et
les quarante-six heures
de travail, c'est évident
à la seconde où je
le vois : c'est mon fils,
et je l'aime. »

sage-femme revient et propose à Dao de la suivre. Je reste seule dans cette salle qui me semble d'un coup bien vide.

Un médecin vient recoudre ma déchirure. J'ai une déchirure de grade 2, c'est visiblement très commun, et j'ai besoin de six points de suture. J'angoisse déjà à l'idée d'aller faire pipi ou caca, et de devoir m'essuyer au milieu de ce champ de bataille. Combien de temps peut-on s'empêcher d'aller aux toilettes par peur ? Mais qu'est-ce qui se passe ? C'est pas du tout ce que j'avais prévu. Se faire recoudre, c'est pas le truc le plus agréable. J'ai l'impression d'être le doudou d'un enfant dont on a arraché l'oreille, et que l'on répare pour lui rendre sa superbe. Finalement, entre la clinique du jouet et la maternité, il n'y a qu'un pas. Normalement, j'étais censée être en peau à peau avec mon bébé. Au lieu de ça, la pièce qui me semblait si chaleureuse est devenue froide et vide. Quand les murs écoutaient mes cris de poussée, les encouragements de mon mec, des sages-femmes et le bruit des monitos, la pièce était remplie de couleurs. D'un coup, elle est grise et silencieuse.

Ce silence me broie les tripes. J'ai eu peur de la césarienne toute ma grossesse parce que je ne voulais pas qu'on m'enlève bébé à sa sortie, et finalement cette expérience nous prouve que nous ne contrôlons rien. Pendant qu'une aiguille est en train de recoudre ce qui est déchiré en bas, aucun fil ne recoud ce qui est déchiré en haut, dans mon cœur.

Dix minutes passent, puis quinze. Dao revient et m'explique que bébé est sous assistance respiratoire sous couveuse, mais que tout va bien. Il l'a pris en photo, me le montre et repart. La prochaine fois qu'il reviendra dans la pièce, ce sera avec mon bébé, et je rattraperai ce moment qu'on nous a volé.

Quelle arrivée fracassante, quand j'y pense. Il est déjà au centre de toutes les attentions.

Vingt minutes plus tard, on me ramène enfin mon bébé. Je le vois arriver dans les bras de son papa, et c'est à mon tour de recommencer à respirer.

# 51. Maintenant on ne se sépare plus

**Quand on remonte dans notre chambre, tout va bien.** Je suis un peu fatiguée mais déjà debout, prête à m'occuper de mon bébé. C'est fascinant le corps humain, quand on y pense. Quelques heures avant, j'étais en train de convulser de fatigue alors que j'avais même pas encore poussé, ensuite j'ai sorti un être humain de mon corps, et me voilà en train d'apprendre à changer une couche. Incroyable. La prochaine fois que j'entendrai quelqu'un se plaindre d'être fatigué après une journée de taf, je vais rire doucement.

Je me souviens du premier moment où nous nous sommes retrouvés tous les trois. Je nous revois, Dao et moi, au-dessus de lui, en train de le regarder, complètement démunis.

Comment doit-on le porter ? Comment on le soulève de son berceau sans lui faire mal ? Et si sa tête part en arrière ? Il respire, là ? J'ai en tête cette image du film *Les Visiteurs* avec Jacquouille et Montmirail en contre-plongée, en train de dire bonsoir aux enfants de Valérie Lemercier. J'imagine que le petit nous voit comme ça et ça m'amuse.

La suite de la journée n'est qu'un défilé de sages-femmes, infirmières et aides-soignantes, pour nous accompagner dans l'apprentissage de ce que nous sommes désormais... Des parents.

Je passe la journée avec mon bébé dans les bras, et je respire sa tête. Je sens encore son odeur de naissance, qui aujourd'hui, alors qu'il a 6 semaines, n'est plus la même. Il est si petit, si fragile, même avec ses 3,915 kilos et 54 centimètres. J'ai été surprise du suivi pour la maman. Je pensais que j'allais être jetée comme une vieille chaussette maintenant que j'avais rempli mon rôle, mais pas du tout : bébé et moi sommes examinés sous toutes les coutures pour s'assurer que tout va bien.

Je ne ressens pas d'émotions négatives ni de déprime : je suis seulement une passagère qui vient de monter dans un train à grande vitesse et j'essaie de trouver une place où m'asseoir. Mais quoi qu'il arrive, je suis embarquée dans le voyage.

Comme prévu, les allers-retours aux toilettes sont terrifiants mais se passent finalement en douceur. On m'a offert une petite poire qui projette de l'eau et permet d'apaiser la zone après la pause pipi. J'ai mal au ventre pendant que celui-ci se contracte pour reprendre son look initial, mais les antidouleurs me soulagent. Finalement, tout se passe super bien.

Je repense à toutes les craintes que j'avais, à toutes les idées sur la naissance qu'on m'avait mises dans la tête, et je me dis que finalement, il y a des gens pour qui ça se passe bien.

J'ai un mec qui s'est transformé en coach sportif pendant que j'accouchais de son enfant. Je me souviens de ses larmes au moment où il a vu le petit s'endormir sur moi, et son merci de lui avoir fait le plus beau cadeau de sa vie. Puis il y a mon fils, puits sans fond de bonheur et de bonté, le plus beau, le plus fort, le plus tout. Eh oui, je suis heureuse.

Cependant, le problème quand on t'enlève une partie de toi, c'est que lorsqu'on te la rend, tu ne peux plus vivre sans. J'ai pas tout de suite mesuré l'impact du petit problème respiratoire de notre fils sur notre relation et notre lien. Je pense que le combo déclenchement et séparation à la naissance a eu un effet « boom » pour bébé et moi.

Les premières nuits, je ferme pas l'œil, et pas à cause des pleurs de bébé. Non, lui a fait toutes ses nuits à la maternité. Quand on entend tous les bébés des chambres d'à côté, on a l'impression que le nôtre est muet. Je ne dors pas parce qu'il est trop loin de moi, c'est-à-dire à 30 cm, dans son berceau. Je me sens ridicule alors je garde ça pour moi au début. Puis dès la deuxième nuit, au petit matin, je le prends avec moi dans le lit. Et d'un coup, ça va mieux. Comment je vais expliquer à mon mec et aux autres que si je ne suis pas en contact physique avec mon fils, je ne dors pas, je ne respire pas ?

Le reste du séjour se passe bien. Je commence à sentir la fameuse chute d'hormones, mais pas du tout comme je l'imaginais : je me sens émue, reconnaissante. Je suis ultra émotive et je pleure, je pleure beaucoup, mais seulement de bonheur et d'amour. Pas de signe de *baby blues*… Incroyable. C'était ma crainte principale, cette dépression post-partum, mais elle semble m'ignorer et j'apprécie chaque instant, larmes ou pas.

# 52.
# Le retour

**Le jour J est arrivé, il est temps de rentrer.** Dernier *check up* par les sages-femmes pour bébé et moi. Mon corps se remet visuellement très vite de l'accouchement, tout le monde me dit que je suis chanceuse. Mais moi, je me sens étrange. Bien sûr que c'est cool de voir son corps changer pour retrouver son aspect d'antan, mais d'un autre côté, je me sens soudainement vide. Mon ventre se réduit mais il est mou comme de la guimauve et me rappelle que je suis désormais seule à l'intérieur.

J'ai une sensation de pesanteur énorme dans la culotte quand je suis debout, je suis pleine de douleurs au ventre et aux points de suture, je suis fracassée mais je me sens prête à rentrer à la maison. Retrouver les chiens et les présenter à bébé. Et puis faire visiter sa maison à mon fils.

À part un canal lacrymal obstrué qui remplit son œil de pus, bébé est en pleine forme, il respire très bien tout seul, les glaires sont parties, nous sommes prêts. C'est dingue de se dire que tout est une première fois pour lui. Nous sortons de la chambre pour la première fois, nous passons la porte d'entrée de l'hôpital pour la première fois, il voit la lumière du jour pour la première fois, il respire l'air extérieur pour la première fois, nous prenons la voiture pour la première fois…

L'arrivée est fracassante. Mon père nous accueille avec les chiens pour LA rencontre. Je sens Gogo très perturbé dès le début. Il faut dire que c'était lui, le bébé de la maison, et j'ai l'impression qu'il est triste de nous voir arriver avec un nouveau-né. Marley, quant à lui, est trop heureux, et encore aujourd'hui, on a l'impression que bébé est l'enfant de Marley, et pas le nôtre.

On s'installe doucement. Je suis un peu éprouvée. Je me sens terriblement fragile, je ne contrôle plus du tout mes émotions. C'est là que mon père me fait un cadeau précieux : le collier aux deux dauphins qu'il s'était offert à ma naissance. Deux dauphins en or identiques, représentation symbolique d'un père et sa fille. Comme un transfert de pouvoir, un passage de flambeau, il me le met autour du cou en me disant que c'est désormais à mon tour. C'est le plus beau cadeau qu'on pouvait me faire. J'ai toujours adoré ce collier, et toujours eu le sentiment que celui qui le portait détenait le pouvoir du super-parent. À présent, c'est moi qui l'ai. Une fontaine se met à couler de mes yeux. Je pleure, je prends mon père dans mes bras en le remerciant, et j'espère que je serai à la hauteur. C'est aussi le moment de la rencontre entre mon fils et son grand-père. Bébé a déjà les yeux bien ouverts, et il observe ce qui maintenant constitue son monde.

Pour l'instant, je ne suis pas prête à ce qu'on touche à mon fils et mon père le respecte. Il l'observe, lui sourit, lui parle. Je trouve mon bébé déjà bien éveillé, je sais que tous les parents pensent la même chose mais je le sais, mon fils est spécial et il est déjà bien en avance.

# 53.
# Des torrents de larmes

**Je pensais pas que je serais une machine à pleurer.** C'est dingue, j'ai l'impression que je ne fais que ça. Et la plupart du temps, je pleure simplement parce que je le regarde et qu'il est beau, mon fils.

Cependant, pour être honnête, le retour à la maison est un peu brutal. Finalement, à la maternité, on est tout le temps aidés, on peut appeler dès qu'on a une question. Une fois chez nous, ce n'est plus possible. C'est là, dans notre appart, qu'on fait le grand saut. On doit apprendre à se faire confiance et à faire confiance à l'autre. Pas si facile quand ça concerne un individu plus important que l'univers. J'ai du mal à le sentir en sécurité, j'ai peur pour lui à chaque seconde. Et je commence à descendre de mon nuage. Je dois être chiante à faire des remarques à Dao à chaque fois qu'il le touche, le nourrit ou s'occupe de lui. Mais j'arrive pas à m'en empêcher, j'ai trop peur. Ça va être ça, ma vie, maintenant? Avoir peur tout le temps?

On se dispute beaucoup avec Dao, pour tout et n'importe quoi. J'ai mal aux points de suture et je me sens ultra vulnérable. Dans un couple, c'est compliqué parfois de se comprendre, et encore plus quand l'un des deux vient d'accoucher et se sent fragile. Je n'arrive pas à être sans bébé, et la nuit devient un problème. J'ai besoin de lui, je ne peux pas ne pas dormir avec mon fils. On a un cododo, mais mon mec ne veut pas le coller au lit. Il a peur et c'est normal : peur que notre fils tombe, qu'il dorme sur le ventre et s'étouffe, que les chiens montent sur le lit et l'écrasent. On était d'accord pour le garder de mon côté à distance mais, depuis que j'ai accouché, je n'ai pas dormi plus de 2 h 30 de suite, je suis épuisée, fragile, sur les nerfs, et je me sens incomprise. J'ai besoin que le cododo soit collé au lit. Si je ne suis pas en contact physique avec mon bébé, ça ne va pas. Je ne comprends pas pourquoi mais c'est comme ça, et face à mon mec qui n'est pas d'accord, je me sens seule.

Quand tu viens d'accoucher et que tu rentres chez toi, une sage-femme vient les premiers jours pour contrôler si bébé va bien et vérifier que tout est OK aussi pour toi. Alors qu'elle me demande comment je me sens, je n'arrive pas à retenir mes larmes et je lui explique : «Je n'arrive pas à dormir sans bébé, et avec Dao, nous ne sommes pas d'accord.» Je pense clairement que je ne suis pas la première personne à qui cela arrive, puisqu'elle prend tout de suite en considération ce que je lui confie. Et elle me répond tout simplement : «Mais dormez avec votre bébé !» Je me sens comprise, c'est dingue, ça fait du bien. Elle explique en toute simplicité à Dao que pour les bébés déclenchés, la «séparation du corps» est souvent plus compliquée : ni le bébé ni la maman n'ont vraiment conscience qu'ils sont désormais « deux ». Elle utilise alors une image simple que je trouve géniale : « Si on vous enlève un bras et qu'on le met dans le salon, vous n'aurez qu'une seule envie : aller le chercher et le rattacher à votre corps. » Dao s'amuse de la comparaison, il se détend, et grâce à l'avis d'une professionnelle, il comprend mon ressenti et prend conscience que c'est plus fort que moi. Ce n'est pas un caprice, c'est viscéral. J'ai besoin d'être en contact permanent avec mon bras. Je vais donc désormais dormir avec mon bébé en cododo collé à mon lit avec une petite barrière, comme ça, tout le monde est content. Je m'endors alors en tenant sa petite main, et pour la première fois, je dors quatre heures d'affilée. Pas si mal !

Une fois cette histoire de dodo réglée, le troisième jour après notre retour à la maison, ça va mieux. Nous commençons à affronter l'aventure de la parentalité. Et j'ai beau chialer toutes les cinq minutes pour tout et n'importe quoi, on est très, très loin du champ de bataille tel que le post-partum m'avait été décrit.

# 54. La purge 6

**Les saignements, ça, c'est un putain de sujet pendant le post-partum.** La vache, c'est l'enfer de se vider littéralement de son sang, j'ai l'impression d'avoir un dégât des eaux de l'espace là-dedans. J'avais oublié à quel point c'était désagréable de porter une serviette, j'ai donc découvert les premiers jours le *level* du dessus en portant une couche. Les «maux de l'après accouchement», ça faisait partie de mes nombreuses craintes mais finalement, ça s'est plutôt bien passé. Je dis «plutôt» parce que j'ai fait une découverte des plus folles...

Je te raconte : depuis mon accouchement, j'ai du mal à rester debout longtemps. En plus de la douleur des points, je ressens toujours, au niveau de mon vagin, une grosse pression vers le bas. J'ai vraiment l'impression que je vais me vider de mon intérieur. En bonne parano, il ne m'en faut pas plus pour être persuadée de faire une descente d'organes.

Le prolapsus, c'est un truc sexy qui provoque un glissement d'organes comme la vessie, l'utérus ou encore le colon, vers le vagin. Et une descente d'organes, ça ne remonte jamais, alors t'imagines la panique.

Quand tu accouches par voie basse et qu'en plus t'as des petites complications, ça te développe une phobie de la pounoune. Alors j'ai pas du tout envie d'aller voir de mes propres yeux ce qui se passe là-dessous. Je mets bien deux ou trois semaines avant d'oser y passer ma main un peu plus longuement que juste pour me laver.

Ce jour-là, je prends mon courage à deux mains, je monte dans ma baignoire et je me décide à aller explorer mon nouveau corps. Et là, j'ai bien cru que j'allais tomber dans les pommes. Je découvre un truc qui n'était clairement pas là avant. À ce moment précis, je dois être blanche comme un Doliprane. Je sors de la baignoire en panique, je serre les dents, je prends un miroir pour regarder ce qui se passe par là, et dans le reflet, c'est le cauchemar : la muqueuse se fait la malle, il y a des bouts de peau qui sortent littéralement de mon vagin. Laisse tomber l'angoisse. Bonjour acouphènes, tête qui tourne, palpitations.

J'appelle une sage-femme en urgence pour prendre rendez-vous. Bonne nouvelle, point de descente d'organes. Après examen, la sage-femme m'explique calmement : j'ai donné naissance à un gros bébé, j'ai eu un accouchement difficile, et ça a causé des hématomes internes. Tout a gonflé. Si bien que quand bébé est passé, il a tout ramené dehors, en quelque sorte. Et j'ai eu la surprise de découvrir que ce que je voyais sortir de mon vagin, c'était seulement mon hymen. Mon hymen ?! Mais je suis plus vierge, moi ! En fait, lors de ton premier rapport sexuel, ton hymen se déchire mais il ne disparaît pas. Tu savais, toi ? Moi, non. Donc après ma première fois, Bibi est parti se retrancher dans mon vagin, et il a vécu sa vie sans faire chier personne. Et là, BAM j'accouche, et on le fout dehors. Me voilà donc rassurée même si mon hymen pendouille un peu.

Je te raconte cette histoire parce que j'aurais adoré qu'on m'en parle, ça m'aurait évité de stresser comme jamais. Tu vois, c'est ça qui me surprend avec la maternité : on ne nous prévient pas de la moitié des trucs. C'est pour rompre ce sortilège que j'ai eu envie d'écrire ce livre.

Je dois te laisser, j'ai rendez-vous pour démarrer ma rééducation du périnée avec mes organes qui ne descendent pas, histoire de devenir la Stallone de la culotte et d'éviter de me refaire pipi dessus quand j'ai un fou rire (oui, ça m'est arrivé).

# 55. Le *body positive* à la carte

**Deux semaines après mon accouchement, je décide de donner des nouvelles sur les réseaux sociaux.** Je prends mon téléphone pour faire une story où je me filme dans le miroir. C'est un été de canicule, je porte une brassière et un short. Dans cette petite vidéo, j'explique à quel point je suis perturbée par la sensation de vide dans mon ventre, et combien je me sens seule dans mon corps. Je pose mon téléphone une heure et je le reprends pour flâner sur Insta et lire mes messages privés : je tombe sur une pluie de messages bienveillants et gentils, et au milieu de ceux-là, d'autres où on me reproche de montrer mon « ventre plat »... Pardon ?! Devant ces messages m'invitant à ne pas dévoiler mon corps pour ne pas en culpabiliser d'autres, je ne comprends pas.

D'abord, cette vidéo n'avait pas pour objectif de culpabiliser qui que ce soit, mais en plus j'ai l'impression qu'on me demande de me censurer sur mes propres réseaux sociaux, sous prétexte que moi, j'ai de «la chance». Je décide alors de publier ce message :

*«J'avais envie de parler de l'étrangeté de se retrouver seule dans son corps. Pendant neuf mois, j'ai porté mon bébé, on a partagé ce lien si intime de partager le même corps. Il y a eu ensuite l'accouchement, cet événement si beau et brutal qui transforme un corps en deux. Et d'un coup, plus de mouvement dans mon ventre, mais un bébé dans mes bras, et quel bonheur.*

*La grossesse ne me manque pas, je suis bien trop heureuse de pouvoir admirer mon bébé chaque seconde et de le câliner et de lui faire plein de bisous, mais quel sentiment étrange de récupérer son corps pour soi-même et rien que pour soi.*

*J'avais envie de partager ce sentiment, et malheureusement je me suis retrouvée avec des remarques auxquelles je ne m'attendais pas. On m'a reproché de «montrer mon ventre plat de post-partum», on m'a dit que «j'avais de la chance de récupérer mon corps d'avant et que du coup c'était pas cool pour les autres». Je suis restée un peu choquée sur le moment et puis j'ai décidé d'en parler.*

*Ça fait un petit moment que je commence à être exaspérée du «*body positive *à la carte». Comme tout mouvement libérateur, à la base il y avait un super message, puis petit à petit et comme d'habitude, ça part à la dérive. Le concept est simple, chaque corps est beau. Mais aujourd'hui ce message est faux, il faut absolument correspondre à des critères pour avoir le droit de s'exprimer. Et quel dommage. Chaque personne devrait avoir le droit de disposer de ses sentiments et ressentis et de les* *communiquer. Malheureusement la sororité a encore du chemin à parcourir. J'ai reçu beaucoup de messages de femmes ayant été confrontées aux mêmes remarques que les miennes, et cette sensation qu'on leur retire le droit de s'exprimer sur leur post-partum et leur maternité.*

*J'ai accouché il y a deux semaines, mon ventre s'aplatit certes, mais pour rappel, le post-partum ce n'est pas juste un ventre gonflé ou plat, c'est de la fatigue, des points de suture pour certaines, pour d'autres un sentiment de déprime intense, ou encore des douleurs dans un corps qui s'est donné entièrement pour offrir la vie. Il est important d'être à l'écoute et de respecter chaque expérience.*

*En tout cas, aujourd'hui j'avais envie de partager un message positif. Quand j'étais enceinte, je ne lisais que des récits un peu flippants, des expériences difficiles et des discours un peu déprimants. Eh bien il est important pour moi de vous apporter aussi un autre discours.*

*Mon accouchement a été long et difficile mais l'après se passe tout en douceur. Je n'ai pas eu de sentiment de déprime, pas du tout, j'ai beaucoup pleuré d'émotion, de bonheur et de soulagement, je me suis sentie fragile mais heureuse. Alors que je pensais que l'après serait dur.*

*La connexion avec mon fils a été immédiate et il est le centre de mon univers. Même s'il aime manger à 1 h du matin, à 4 h et à 7 h et que j'ai les yeux collés en lui donnant à manger.*

*Les points de suture de ma déchirure, les douleurs de ventre, etc., etc., s'estompent petit à petit et ça va.*

*Vraiment mon post partum, ÇA VA.*

*À toutes les personnes enceintes qui ont peur et qui paniquent face à tant de discours un peu flippants, sachez que cela peut se passer aussi en douceur et qu'il ne faut pas se faire violence et surtout personne n'a le droit de vous empêcher de communiquer. Si cela vous fait du bien, partagez.*

*Et tout va bien se passer.* »

Je n'ai pas eu envie de laisser passer ces messages de reproches. Encore une fois, et comme je l'ai écrit dans ce message, pourquoi n'aurais-je pas le droit de m'exprimer? Pourquoi devrais-je me cacher? Un combat ne doit pas en tuer un autre. Et il est important pour moi de le retranscrire ici, dans ce livre.

Comme je l'explique dans cette publication, tout n'est pas rose, et le « ventre plat » qui visiblement m'enlève toute légitimité de m'exprimer n'est qu'une partie du sujet. Je suis remplie de cellulite, je suis flasque, mon ventre si « idyllique » est aussi mou qu'une poche d'eau, et je me sens mal dans ma peau.

Alors c'est vrai, je rentre pratiquement de nouveau dans mes fringues d'avant, mais le bouton est serré, et surtout j'ai changé. Je ne ressemble plus à celle que j'étais avant. Je vis dans mon corps depuis 31 ans, je le connais bien, et je vois qu'il est différent. J'ai un corps de maman, n'en déplaise à certains.

Je suis étrangement fière de ce changement, de ce souvenir corporel qui me rappelle chaque jour mon nouveau rôle, mais une autre partie de moi est triste. J'ai l'impression d'avoir mal dit au revoir à mon corps d'avant, de ne pas l'avoir assez complimenté, d'avoir été fâchée avec lui, et de ne jamais l'avoir consolé ou soutenu. J'ai passé mon temps à le critiquer, le dénigrer, alors qu'en retour il m'a offert la prunelle de mes yeux.

« J'ai passé mon temps
à critiquer mon corps,
à le dénigrer, alors
qu'en retour il m'a
offert la prunelle
de mes yeux. »

La seule chose que je peux faire aujourd'hui, c'est le remercier pour tout ce qu'il m'a apporté et tout ce qu'il m'a permis d'accomplir. Je me fais aussi un peu violence pour accueillir mon nouveau corps, lui dire que j'ai appris de mes erreurs, que je ferai de mon mieux pour ne faire qu'un avec lui, et être plus indulgente.

Pendant ma grossesse, j'ai pris 13 kilos, et en sortant de la maternité, j'avais déjà perdu la moitié, mais combien pèse la nostalgie ? Combien pèse ma nouvelle vie ? Aujourd'hui, il me reste encore 5 kilos à perdre pour revenir à mon poids initial. Certains matins, j'en ai rien à foutre et certains soirs, je pleure devant le miroir. Et ce n'est pas parce que je n'ai pas « assez de kilos à perdre » que je dois rougir de ma difficulté à me sentir bien. Je fais un métier dans lequel on analyse mon physique en permanence, dans lequel on appuie sur les complexes dès qu'on en a l'occasion, et ça ne m'aide pas non plus à être bien dans ma peau.

Alors finalement, si la solution était simplement de respecter les sentiments des uns et des autres sur leur propre apparence, en gardant son ressenti pour soi ? Si une bonne fois pour toutes on arrêtait juste de faire chier les autres ? Ça me semble plutôt une bonne idée de départ.

# 56. Le pote partum

**Pour continuer ma prise de parole positive, j'ai très envie de faire un point sur ce monstre que l'on nomme le post-partum.** Comme je te disais, je n'ai eu que des mauvais échos de la période suivant l'accouchement. Les réseaux sociaux sont peuplés de témoignages de mamans au bout du rouleau qui communiquent leur mal-être. Je suis fière de cette génération qui brise les tabous, et qui permet à tous de prendre la parole sans honte. Cependant, nous sommes rentrés dans une ère où il n'y a justement plus de place pour les bonnes expériences.

Je me suis rendu compte de l'impact de ces témoignages négatifs en parlant à des amies qui ne sont pas encore mamans, lorsqu'elles m'ont appelée pour prendre de mes nouvelles. Je leur explique alors que tout le monde va bien, qu'on est super heureux, que je porte des couches comme mon fils, et que même si on est crevés, tout se passe en douceur. Elles me répondent toutes la même chose : «Ça fait tellement de bien d'entendre que ça peut bien se passer… à croire tout le monde, on a l'impression que la maternité, c'est l'enfer. »

Le voilà, le problème. Un peu comme pour le mouvement du *body positive*, on en vient à tolérer seulement les témoignages négatifs, comme s'ils étaient les seuls légitimes. Les bonnes expériences sont montrées du doigt, on fait taire celles qui les apportent pour ne pas culpabiliser les autres, celles pour qui cette période est bien plus complexe.

Je suis heureuse que les personnes qui ont surmonté une dépression post-partum puissent accompagner celles qui sont en plein dedans. Il était temps de se rendre compte que c'est un vrai sujet. Les personnes qui en souffrent sont en danger et leur enfant aussi. Cela ne doit pas être minimisé et il faut absolument venir en aide à celles qui en ont besoin.

Je tiens ici à parler de mon « pote partum », pour apporter un témoignage différent de celui que j'ai pu lire sur les réseaux sociaux.

Je n'ai pas ressenti de détresse, je n'ai pas eu de sentiment de rejet envers mon bébé, je n'ai éprouvé que de l'amour dès la première seconde où il est sorti. Je l'aime à chaque instant, je n'ai à aucun moment regretté d'être devenue maman, je n'ai pas l'impression de m'être laissée de côté. Le post-partum peut aussi être, comme pour moi, une période de vulnérabilité, de déstabilisation, et de beaucoup d'amour.

J'ai la chance d'élever mon fils avec un partenaire très investi. Nous nous relayons pour les biberons, j'ai le temps de me doucher, de manger. Évidemment, l'arrivée d'un enfant est un grand bouleversement qui implique de s'organiser, de diviser son temps, d'être un peu plus angoissée qu'avant, d'être

« Le post-partum peut
aussi être, comme
pour moi, une période
de vulnérabilité,
de déstabilisation,
et de beaucoup
d'amour. »

fatiguée, de se sentir impuissante face aux maux des nouveau-nés, de pleurer de le voir se tordre de douleur à cause des coliques, de tester tous les biberons et tétines possibles, de se retenir de crier sur les pédiatres qui te donnent des leçons de morale alors que t'apprends tout juste à être maman, et de t'empêcher d'envoyer bouler toutes les personnes qui te donnent des conseils alors que t'as rien demandé. Mais c'est aussi et surtout, en ce qui me concerne, une aventure fabuleuse. Je suis morte d'amour pour ce petit être à la bouille d'un bébé Pixar, j'aime écouter ses petits sons qui ressemblent à ceux de Guizmo dans les *Gremlins*, j'aime apprendre à me faire confiance, j'aime dormir avec sa petite main dans la mienne, j'aime sentir son odeur et regarder dans ses grands yeux dont la couleur n'est toujours pas déterminée. Je suis terriblement heureuse d'avoir la chance de faire partie de la vie de mon fils, et j'ai découvert qu'avant de l'avoir dans ma vie, je ne savais pas ce qu'aimer voulait dire.

Je te parle ainsi du post-partum, mais je ne suis pour autant ni dans l'hypocrisie, ni dans le déni. Les choses ne sont pas tout le temps simples. Je suis parfois submergée d'émotions, tantôt positives, tantôt négatives.

Pour moi, la vraie difficulté, c'est les autres, comme je te l'ai souvent dit au fil du livre. Je suis surprise qu'on doive encore enseigner la bienveillance et la jugeote aux gens. Quand une personne vient d'accoucher, elle est fragile, fatiguée. Elle a besoin de bonnes ondes et de douceur. Je ne sais pas pourquoi cela échappe aux proches, même aux membres de la famille, trop heureux de l'arrivée d'un petit bébé. Il y a parfois, de manière inconsciente bien sûr, un côté un peu égoïste. Les gens veulent se faire plaisir à eux-mêmes : tripoter le bébé pendant qu'il dort, vouloir le porter à tout prix. Que l'enfant se sente aimé, c'est évidemment la meilleure des choses, mais ce n'est ni un jouet, ni une peluche, et le consentement commence dès les premiers jours de vie.

De manière générale, soyez doux, empathique et n'envahissez pas les jeunes parents. Même si vous avez TROP envie de voir le petit, laissez-leur de l'espace. Tout va bien, vous avez toute la vie du petit devant vous.

Plus personnellement, je regarde mon corps et je ne me sens pas bien dans ma peau pour autant. Le retour à la vie normale m'angoisse et m'excite en même temps. Reprendre le travail, reprendre ma vie. La mienne, pas celle de famille, non, la vie d'Emy qui mérite elle aussi de l'attention. Je veux simplement expliquer ici que tout n'est pas noir, que chaque « après » peut être différent. Le mien, s'il est bien moins angoissant que je l'avais imaginé, n'est pas tout le temps rose pour autant. Les premiers jours étaient d'une douceur sans nom : bébé était calme, dormait beaucoup, pleurait peu. Puis, petit à petit, sont arrivés les douleurs de ventre, la constipation, le reflux gastro-œsophagien (RGO pour les intimes) et avec, son lot de désagréments... La suite dans le prochain épisode.

Pour clore celui-là, j'ai juste un conseil, même si tu ne me l'as pas demandé, c'est d'entendre mais de ne pas écouter. Chaque expérience est différente, alors n'anticipe pas une histoire qui ne sera sûrement pas la tienne. Souriez, vous êtes parents !

# 57. Dur dur d'être un bébé

**Quand j'ai accouché, nous sommes restés quatre jours à la maternité, pendant lesquels bébé était d'un calme incroyable.** Il dormait beaucoup et les sages-femmes nous disaient qu'elles le trouvaient facile. Mon fils s'est tout le temps laissé manipuler, ausculter, porter, sans jamais se plaindre. Un bonheur.

Clairement, j'ai la chance d'avoir un bébé avec une super nature. À 6 semaines, il sourit déjà, il se redresse, se met sur le côté tout seul, il est clairement un petit peu en avance sur son âge. Tous les soignants nous ont prévenus : « Votre fils est très éveillé et très tonique pour son âge. » Malgré la fierté, ça m'angoisse. Et si bébé se retourne pendant que je dors et qu'il s'étouffe dans son sommeil ?

Ça, c'est LE problème de mon post-partum : la sur-inquiétude. C'est bien simple, je ne respire plus depuis qu'il est là. Je ne dors que d'un œil, je touche sa poitrine toutes les dix minutes pour être sûre qu'il respire bien. Ma nouvelle phobie s'appelle «la mort subite du nourrisson». J'ai acheté une chaussette qu'on peut lui mettre au pied pour mesurer son rythme cardiaque et sa respiration, et s'il y a un problème, mon téléphone m'alerte. Bref, c'est l'enfer de l'angoisse.

Pour ne rien arranger, au bout de deux semaines de vie, on a découvert la constipation, les coliques, et donc forcément les cris, larmes et pleurs. Mais quelle horreur ! Je ne me suis jamais sentie aussi impuissante de toute ma vie. Voir mon fils souffrir le martyre et ne pas réussir à le soulager, c'est devenu la plus grosse défaite de mon existence. Les nuits ont commencé à se raccourcir et la fatigue, elle, s'est rallongée.

J'ai découvert que c'était super compliqué de trouver le biberon et la tétine qui correspondent à ton bébé. Je me suis posé des questions que je n'aurais jamais pensé me poser un jour : c'est mieux la tétine 1 ou la tétine 2 ? Et le biberon, en verre ou en plastique ?

Pendant un moment, on n'arrivait jamais à lui faire finir un biberon, il s'endormait tout le temps dessus. Je te raconte pas les nuits à essayer de le nourrir alors qu'il s'endormait toutes les cinq minutes : en gros, tu mets une heure à lui donner sa dose à 3 heures du mat'. Et puis c'est le moment du rot... On en parle, du rot ? Ça aussi, c'est un challenge : le porter, lui faire des ronds et des petites tapes dans le dos pour que ça sorte, pour qu'après vingt minutes, alors qu'il est 4 h 25 du mat et que t'es éclatée, le rot ne vienne toujours pas et que tu finisses par t'endormir avec lui sur la poitrine. Mais comme il n'a pas eu de rot et qu'il est gêné, forcément il se réveille une heure plus tard et c'est reparti pour un tour. Quand enfin tu obtiens le Graal, tu te rendors, mais dix-sept minutes de sommeil plus tard, c'est déjà l'heure du biberon suivant...

C'est dur à gérer, la fatigue, ça te tend. Ajoute à ça les hormones en vrac, et c'est le 14 Juillet tous les jours à la maison.

Bébé est constipé. Voilà un autre vrai sujet, le caca. Oh la vache, je suis devenue une experte du caca. Je connais les couleurs, les quantités, les consistances. Ça aussi, c'est devenu notre stress numéro 1. Avec un bébé constipé, je peux t'assurer que tes journées ne sont pas les mêmes : tu guettes chacune de ses expressions pour voir s'il pousse, et si c'est le cas, tu te mets en mode combat et coach sportif. Tu l'encourages pour l'aider à sortir ce caca qui squatte son côlon depuis quatre ou cinq jours, et dès que c'est fait, t'as l'impression d'avoir remporté le Super Bowl. Tu cherches des solutions à tous ses problèmes gastriques, et tu te retrouves à télécharger des applications pour parler à des pros de 8 h à 22 h par Messenger, tester cinq pédiatres, changer douze fois de lait, masser son ventre, lui changer l'eau du biberon. Et finalement son transit devient une obsession.

La journée est d'une douceur absolue, remplie de câlins, de sourires, de rigolades, de siestes, d'essayages de « la tenue la plus mignonne de son placard ». Et la nuit, c'est la famille Addams, avec moi-même dans le rôle de l'oncle Fétide qui essaie d'aider son bébé à soulager son bidou.

Puis finalement, à force de se relayer pour se lever, puisque bébé n'arrive pas à dormir dans son cododo à barreaux et qu'il a besoin de beaucoup de réconfort, il finit par dormir entre nous deux dans son matelas incliné. On a plus de vie de couple, mais au moins, on dort. Tous les trois.

# 58. Et le couple dans tout ça ?

**Alors là, c'est la question à 1 million.** Et au stade où j'en suis, j'ai pas encore vraiment de réponse. C'est difficile de parler de son couple. C'est difficile de savoir ce qui est « normal » ou pas, six semaines après un accouchement.

Ce que j'ai remarqué tout de suite, c'est que contrairement à ce qu'on m'avait dit, c'est pas ma relation avec bébé qui a été compliquée, mais ma relation avec le reste du monde, y compris mon chéri. Alors qu'on s'était pas engueulés une seule fois pendant ma grossesse, en rentrant de la maternité, on n'arrivait pas à se comprendre et on se disputait tout le temps. Même si les choses s'arrangeaient en vingt minutes, ça m'a rendue triste. J'étais déçue qu'on se laisse submerger si facilement et qu'on tombe dans les reproches.

Une grossesse, ça laisse des traces, et si tu as bien suivi le récit de ce livre, tu sais que j'ai été vachement isolée pendant neuf mois. Je pense que ça a joué sur mes relations humaines. J'étais maternée par mon mec chaque jour, il s'est occupé de moi comme si je pouvais me briser en mille morceaux à chaque mouvement. J'avais l'impression d'être la pierre la plus précieuse et fragile du monde. Je me suis habituée à être très protégée par lui, et après tout ça, mon statut a un peu changé. J'ai eu peur de perdre mon importance à ses yeux, je sais que c'est con, mais on ne contrôle pas tout.

Côté sexy-sex, pendant la grossesse, c'était difficile d'avoir une vie intime, car on était terrifiés de perdre le bébé. C'est dur de garder une relation passionnelle quand on a l'impression d'être une chose que l'on ne doit pas toucher pour ne pas la casser. Ensuite, il y a eu l'accouchement et l'envie de Dao d'être ultra investi, sa tête au-dessus de mes jambes pour voir la sortie de bébé. Je ne sais même pas comment il a fait pour ne pas tomber dans les pommes... Ajoute à cela ma déchirure, mes points de suture, mes suites de couches, mes douleurs... C'est beaucoup de choses anti-sexy qui n'aident pas au retour de la proximité. Et puis il y a surtout désormais bébé, centre de toute notre attention et qui dort désormais avec nous.

Quand tu vois ta meuf sortir un humain d'elle, que tu l'aides à accoucher, que tu lui achètes ses serviettes hygiéniques, que tu l'as vue pleurer, en chier, t'as pas envie d'être lourd et chiant. Alors nous reprenons nos habitudes doucement. Et j'essaie de ne pas porter cette responsabilité (même si je peux pas m'empêcher de me la mettre toute seule parce que j'ai peur de perdre l'intérêt de mon mec, merci les siècles de patriarcat qui nous ont mis ces idées ridicules dans la tête).

Mon rapport au corps a bien évolué. J'ai eu l'impression, pendant plusieurs mois, de n'avoir été qu'un garage à bébé. J'ai été touchée, tripotée, pénétrée par des instruments médicaux, des doigts de sages-femmes. J'ai été recousue avec du fil, j'ai été observée. Bref, mon vagin n'avait clairement plus rien de sexuel. Il était devenu rien d'autre qu'un tunnel pour bébé. Comment se projeter à nouveau dans une sexualité après autant de manipulations?

Je me suis dissociée de mon corps, j'ai oublié que j'avais un organe de plaisir. Je sais que ce n'est pas pareil pour tout le monde, et j'envie sincèrement les femmes qui n'ont eu aucune complication et ont retrouvé tout de suite une connexion à leur corps et leur sexualité. Moi, j'ai besoin d'encore un peu de temps.

Alors je sais ce que tu vas me dire, six semaines, c'est rien. Mais j'ai envie d'être exigeante avec moi, parce que je ne veux pas oublier mon couple, je veux retrouver mon intimité et réintégrer mon corps. Me souvenir que je suis une maman ET une femme. Que mes envies ont le droit d'être assouvies et que je suis toujours désirable malgré mon nouveau statut.

Alors le couple, dans tout ça? C'est important d'accompagner sa moitié. En ce qui me concerne, je suis soutenue. Je suis réconfortée, je ne souffre d'aucune pression et quand j'écoute d'autres femmes parler, je vois que j'ai vraiment de la chance d'être avec quelqu'un de patient.

Au-delà de la question du sexe, il y a aussi celle de l'indépendance dans le couple. J'ai développé un sur-attachement envers mon mec, parce qu'il a vécu tout ça avec moi et qu'il me maternait énormément. Je dois à nouveau sortir de chez moi (enfin, quand j'aurai la force d'être loin de bébé pendant plus d'une heure, ce qui n'est pas encore gagné). Je sais que ça va être compliqué pour moi de reprendre ma vie, mon boulot, d'avoir des rendez-vous pros, des sorties entre potes, tout ça sans ma famille, c'est-à-dire sans mon bébé, mon mec et mes chiens. Quand on a été en confinement improvisé pendant si longtemps, on peut oublier ce que ça fait de se manquer. Je suis convaincue que c'est important de le ressentir de temps en temps, de se souvenir à quel point c'est nul quand l'autre n'est pas là, et donc de passer aussi du temps l'un sans l'autre.

Il y a aussi la question de l'organisation et de l'implication de chacun, sinon c'est l'embrouille assurée. Avec la fatigue, difficile de démêler les vrais des faux problèmes. Le couple peut être mis à rude épreuve, mais c'est comme le périnée, ça se reconstruit avec le temps.

Enfin, et c'est mon dernier point, nous allons devoir réapprendre à être un couple, et pas seulement des parents. Pour l'instant, c'est évidemment trop tôt, on n'est prêts ni l'un ni l'autre à laisser bébé une soirée, mais ce sera notre défi. Passer des moments ensemble à deux, juste lui et moi. Se faire beau l'un pour l'autre, se donner rendez-vous à Paris dans un endroit secret, et prendre le temps de se redécouvrir.

« Le couple peut être
mis à rude épreuve,
mais c'est comme
le périnée, ça se
reconstruit avec
le temps. »

# 59. La grossesse dure un an

**À l'heure où j'écris ces lignes, nous sommes le 19 août 2022, nous sommes en vacances à une trentaine de kilomètres de Paris, bébé aura 6 semaines demain.** Je suis au bout de cet ouvrage et je réalise le chemin parcouru depuis le début de mon récit. Quand je relirai les premières lignes de ce livre, je vais réaliser à quel point ce chemin a été périlleux. Mais comme je te l'ai déjà dit, seuls les plus beaux combats mènent aux plus belles victoires, et que celle-là est belle ! C'est la première fois que je me confie à ce point. Je suis heureuse de me dire qu'un jour, mon fils lira ce livre et découvrira son histoire *in utero*.

Il est temps pour moi de reprendre le travail, mes activités. Je veux que tout continue à se passer en douceur. J'ai mille projets dans la tête, et ce qui est merveilleux, c'est qu'aujourd'hui j'ai encore plus la rage de vaincre parce que j'ai quelqu'un à rendre fier.

Bébé est censé entrer en crèche en janvier, mais je ne me mets pas la pression, pour l'instant je suis toujours autant collée à lui, et on rigole bien. Je me sens encore fatiguée, on cherche encore notre rythme, mais chaque journée nous apprend à prendre confiance. Je me sens forte et déterminée, j'ai très envie que cette nouvelle vie soit riche d'expériences et de temps forts.

En parlant de temps forts, il est important de dire que nous avons décidé de nous pacser avec Dao, et désormais, on porte tous les deux une jolie bague au doigt ! C'est fou : j'ai un enfant et je suis pacsée. Si je racontais ça à la Emy d'il y a dix ans, elle ne me croirait jamais.

C'est intéressant de constater que la naissance de mon fils coïncide avec mon changement de nom d'entreprise et l'arrivée de nouveaux projets. J'ai envie de changement, j'ai de nouvelles ambitions. J'avais peur de voir ma carrière professionnelle s'arrêter en devenant maman. Finalement, je me retrouve à l'aube de superbes projets qui verront bientôt le jour. Je suis enthousiaste pour l'avenir, et je crois que c'est la première fois que je ressens ça.

Aujourd'hui, j'ai 31 ans, je suis cheffe d'entreprise, j'ai une jolie famille composée d'un petit garçon de 6 semaines, d'un mec trop cool et de deux chiens géniaux. Il y a dix ans, j'avais 21 ans, j'étais hôtesse d'accueil, je gagnais une misère, je vivais dans un studio avec un sol bancal, j'avais de gros problèmes de santé et je détestais ma vie.

C'est peut-être prétentieux mais je suis fière de ce que je suis devenue, de ce que j'ai construit. Et j'ai hâte de savoir ce que l'avenir me réserve.

# 60.
# A.

**Mon fils,**

Nous sommes le 19 août 2022, il est 21 h 50, tu as 6 semaines. Je viens de te donner ton biberon mais tu t'es endormi à la moitié comme d'habitude, alors pour que je puisse écrire ces quelques lignes, tu es parti dans les bras de ton papa qui te berce doucement.

Tu es au début de ta vie, pourtant je vois déjà la gentillesse, la douceur, la malice dans tes yeux, et la force qui émane de toi. J'ai découvert ta combativité dès les premières secondes après ta naissance, puis ta curiosité quand tu découvres un nouvel endroit, ta douceur et ton affection quand je te prends dans mes bras.

Je souhaite que tu aies la vie dont tu rêves, et je ferai toujours tout pour t'aider à l'obtenir, atteindre tes buts, et t'accompagner dans les victoires comme dans les défaites. Je veux que tu grandisses en ayant pour objectif d'être quelqu'un de bien. Que tu te souviennes que rien ne compte plus que la gentillesse. Prends toujours soin des autres, sois curieux, voyage, vis, mon fils, vis.

Je veux que tu saches que tu es la plus belle chose qui me soit arrivée, et que peu importe les épreuves du passé, je ne changerais rien, même les pires, pour ne pas prendre le risque de ne pas t'avoir à la fin. Tu pourras toujours compter sur moi. Je veux que tu te souviennes que peu importe tes choix, je te soutiendrai.

Je ne sais pas quel âge tu auras au moment où tu liras ces lignes, je ne sais pas ce que tu feras dans ta vie, je ne sais pas où j'en serai, mais je sais que je serai en train de veiller sur toi.

À l'heure actuelle, je suis pleine d'émotions, je suis super heureuse et en même temps, je suis un peu fatiguée, parce que tu as décidé que les biberons de 5 h du mat' étaient les meilleurs. J'espère que tu me reprocheras pas à l'avenir de t'avoir mal habillé quand tu étais petit, que je te ferai pas honte quand t'iras à l'école, et qu'on sera toujours les meilleurs amis du monde.

Tu sais, mon amour, j'ai toujours rêvé de faire du cinéma, mais mon plus beau rôle, c'est toi qui me l'as offert. J'ai été malheureuse très (trop) souvent dans ma vie, mais aujourd'hui je sais pourquoi. J'ai souffert de ton manque, je t'ai attendu si longtemps. Maintenant que nous sommes réunis, il n'y a plus de souffrance, plus de douleur, je suis enfin complète. La pièce manquante dans mon cœur est enfin à sa place, mon cœur est fini. Il peut désormais battre comme il l'entend, grâce à toi.

Je ne sais pas de quoi demain sera fait, mais je sais que nous serons ensemble et c'est tout ce qui compte.

Je t'aime plus que tous les poissons dans la mer, plus que tous les arbres sur la terre, plus que l'univers.

Maman

# Remerciements

Merci à mon fils d'avoir été ma source d'inspiration pour écrire ce livre.

Merci à Dao pour cette si folle aventure que l'on partage et pour ce lien éternel qui nous unit. Merci d'avoir fait de moi une maman.

Merci à mon entourage pour son amour.

Merci à Chloé de m'avoir accompagnée dans ce projet si intime, d'être devenue mon amie et de m'avoir protégée tant de fois.

Merci à Aurélie et Clémentine d'avoir rendu ce projet possible et d'être des éditrices douces et attentionnées.

Merci à mon ange Isaac.

Ouvrage publié sous la direction d'Aurélie Starckmann

Réalisation éditoriale : Clémentine Dubernet
Révision du texte : Camille Anseaume
Conception graphique : David Cosson - Dazibaocom
Conception de la couverture : Damien Payet
Mise en pages : IGS-CP (16)
Photographie de l'autrice en couverture : Jordan Deal

**Éditions Albin Michel**
22, rue Huyghens, 75014 Paris
www.albin-michel.fr

ISBN : 978-2-226-48126-9
N° d'édition : 25323/01
N° d'impression : 102091
Dépôt légal : Mars 2023
Imprimé en France par l'Imprimerie Floch.